Runas: Caminando hacia el oráculo. Autor: Juan Marcos Romero Fiorini.

Orden Runistas del Sur

Fue fundada a mediados del 2013 por Juan Marcos Romero Fiorini con el fin de compartir entre sus pares el conocimiento de este oráculo y a la vez generar consciencia sobre el respeto a la Madre Tierra.
La Orden abarca todas las tendencias de estudio sobre Runas, y si bien está vinculada a las Academias de Runología de Europa, La Orden no sigue ninguna línea de fe en particular, más bien se centra en el aprendizaje de los distintos misterios de este oráculo para un crecimiento evolutivo del ser, dejando en el libre albedrío la posibilidad de que cada uno de sus miembros elija qué desea creer y en qué, a este razonamiento se lo considera necesario para no limitar al iniciado con una creencia o doctrina.
Hoy en día, La Orden cuenta con miembros de toda Latinoamérica y algunos de ellos están reconocidos y avalados por La Orden para dictar cursos o charlas introductorias.
Lo que trata de destacar La Orden es que si bien las Runas provienen del viejo continente, sus miembros son Latinoamericanos y por ende se busca por medio de esta herramienta alinearse al ciclo natural y geográfico en el que se está.

"Soy un Vitkar que le toco nacer en esta tierra y es a esta tierra a la que trataré por todos los medios de comprender y sanar a través de la toma de conciencia sobre ella"

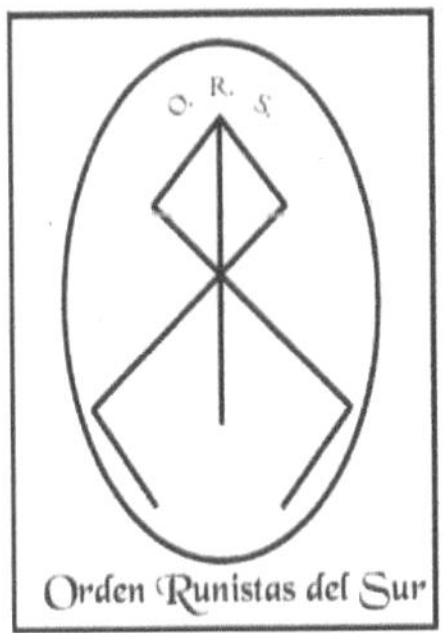

Runas:
Caminando hacia el oráculo

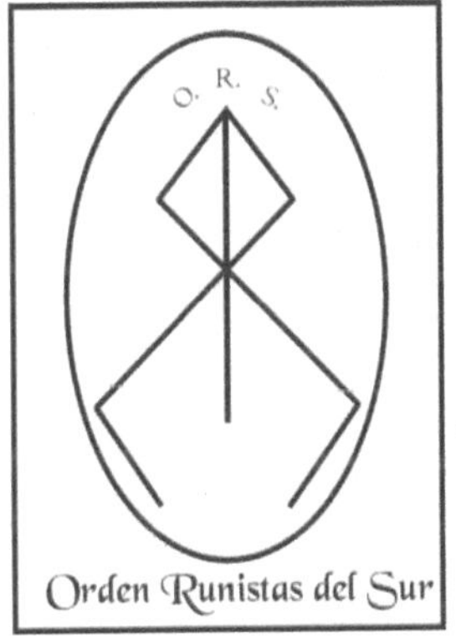

Juan Marcos Romero Fiorini
2012

Agradecimientos

Quiero agradecer a quienes estuvieron cerca en los distintos momentos de este proyecto y que me acompañaron; Mauro Emanuel Romero Fiorini, Mariela Gómez Cuello, Marcela Defferrari, Emiliano Codina, Irene Maselli, Mailen Costa (fotografía de portada) y un especial agradecimiento a .mi hermano Celta Carlos Folloni por su desinteresada ayudar para pulir el material.

Prologo

Por lo general la gente cree erróneamente que los oráculos son herramientas adivinatorias y en verdad esta definición está muy lejos de la realidad.
Desde nuestra niñez aprendemos como relacionarnos con el afuera, al ir creciendo la sociedad nos enseña sus leyes y formas de convivencia, con el tiempo encontramos nuestra manera de realizarnos, pero siempre internamente sentimos cosas que el afuera no puede explicarnos y es aquí donde entran los oráculos, ya que más que un reflejo de lo que está afuera, son el verdadero reflejo de lo que está dentro y como tales no son ni buenos ni malos, solo son la herramientas para vernos a nosotros mismos internamente con claridad, el oráculo solo revela la verdad de nuestras corrientes internas, de nuestras emociones y sentimientos, nos permiten comprendernos, aceptarnos, reconocernos, alumbrarnos, alinearnos, re-crearnos. Es la herramienta que nos permite bucear hacia los rincones más oscuros o desconocidos de nuestro ser y de que tan lejos lleguemos depende solo de nuestra receptividad, nuestra aceptación de lo que vemos, nuestra capacidad de reconocer y sanar.
Estas herramientas son las que nos permiten trabajar directamente con nuestras sombras y si bien puede que en ocasiones muestren cosas difíciles de asimilar, somos nosotros los que le damos ese peso y es bueno tener en cuenta que solo los oráculos son capaces de mostrar esta parte y como tales, de ayudarnos a comprender, aceptar, cambiar y sanar.
No olvidemos que internamente nuestra esencia es única, perfecta e indestructible, por ende las cosas internas que podamos derribar, cambiar o trasmutar siempre fueron adquiridas, absorbidas o incorporadas del afuera ya sea de manera consciente o inconsciente.

"En vez de dar por sentado que los oráculos son malos u oscuros, pregúntate realmente quién te hizo creer esa mentira y quienes se beneficiaban por ello"

"Un hombre que conoce su lado interno nunca será dominado por nada y siempre vivirá libre en cuerpo, mente y espíritu"

Introducción

El encuentro con el oráculo rúnico puede darse de distintas maneras, pero créeme que en mí no tan humilde opinión, los accidentes no existen y si te acercaste a él, es por algo…
Hay algo que quizás debas redescubrir o aprender y él se te acerco para mostrártelo. Ten en claro que siempre estamos preparados para lo que viene y las respuestas más difíciles de encontrar suelen estar en nuestro interior y a nuestra disposición, solo hay que desear ver...
Este camino generalmente comienza desde la curiosidad, que nos atrapa e impulsa hacia lo desconocido. Pero deberíamos entender que éste nos hará ir descubriendo y comprendiendo el lenguaje, llevándonos a hacer lo mismo con nosotros mismos, y no siempre será del todo grato, porque no solo veremos lo que más nos agrada de nosotros, sino también lo que negamos de nosotros mismos y lo que ni siquiera sabíamos que estaba allí.
Lo bueno es que siempre tendrá herramientas para ofrecernos que nos ayuden al cambio, si así lo deseamos…
Este libro es una guía práctica, que recorre un camino, que comienza con la búsqueda de un elemento para realizar nuestras Runas, sigue con su estudio, entender su filosofía básica, comprender su significado y cómo consultar y practicar sus lecturas.
Así que, sin más preámbulos, te invito a recorrer este camino hacia el oráculo rúnico…

"Has lo que desees sin dañar, ya que lo que hagas te volverá multiplicado por tres, bueno o malo"

Regla de oro en la magia.

Capítulo I

La Búsqueda

La búsqueda de los elementos para realizar tus runas está repleta de aprendizajes. Uno cree que yendo de paseo en busca de algunas gemas y una bonita bolsa resuelve el dilema; sin embargo, obrar de esta manera, nos devuelve al mismo punto de partida, ya que falta algo fundamental que es la conexión con la madre naturaleza, el escudriñar en ella y vivir la experiencia de la búsqueda.

"Sé que colgué del árbol, azotado por el viento
nueve noches enteras,
herido por la lanza, entregado a Odín,
yo mismo a mí mismo,
de aquel árbol del que nadie sabe
el origen de sus raíces".

"Pan no me dieron ni cuerno de bebida,
hacia bajo miré;
cogí las runas, gritando las tomé,
y entonces caí."

Fragmento del Hávámal
(Cántico de Odín)

Miren este ejemplo y vean de qué les hablo:

Escuché una vez hablar de un mago que decidió que era momento de crear su oráculo rúnico, el cual lo acompañaría el resto de su vida... Él sabía que no sería tarea fácil, dada la importancia del sentido que pretendía darle, así que lo primero que hizo fue sentarse bajo el viejo sauce del jardín de su casa, donde solía recostarse a pensar y filosofar a solas.

Pero esta vez se concentró en dejar que la imaginación fluya y traiga una imagen, una señal, algo de su interior que lo guíe hacia los elementos adecuados...

Pasados algunos días de soñar despierto y realizar este proceso, obtuvo su fruto, que fue un lejano recuerdo de un lugar al que no frecuentaba hacía ya mucho tiempo, del cual tenía hermosos recuerdo.. una infancia donde soñar aventuras épicas, y ser parte de ellas, eso lo era todo, Sierra de la Ventana"
Ya tenía el lugar, solo hacía falta encontrar el momento adecuado para emprender su viaje.
Sin escatimar en nada y teniendo solo su objetivo en mente partió a su aventura, ansioso por vivirla y con grandes expectativas...
Al acercarse a su destino pudo divisar la silueta montañosa en el paisaje y sentir el particular aire, con esa pureza natural que lo caracteriza. Lo único que paso por su mente en aquel entonces fue el nostálgico interrogante de por qué espero tanto para visitar nuevamente este lugar, siendo que la distancia no era gran cosa y significaba tanto para él.
Al pisar tierra firme, se tomó unos minutos para degustar el momento y buscar un buen sitio para acampar, ubicó la carpa y dedicó el día entero a su búsqueda, conectarse con la naturaleza, cargándose de esa energía tan especial que tiene el lugar mientras disfrutaba de hermosos recuerdos que éste le traía a su memoria en su recorrido...
Pero pese a toda su dedicación las horas pasaron y por más que buscó, no encontró lo que tanto deseaba, nada de lo que veía le resultaba convincente y la desilusión comenzaba a acecharlo.
Finalizó el día pensando en que, quizás, no era el momento y la frase que tantas veces había leído entre libros ***"el oráculo se acerca al mago"*** *resonaba una y otra vez en su cabeza.*
Luego de meditarlo un poco frente a la fogata con la panza llena de una buena comida campestre, con un cielo estrellado, llegó a la sincera conclusión de que, lo que deseaba y lo que necesitaba, no siempre son la misma cosa.
En aquel momento el deseaba un elemento para sus runas, pero lo que verdaderamente necesitaba era un descanso y conectarse más con ese espíritu natural que a su vez traía preciados recuerdos a su corazón olvidadizo.

A la mañana siguiente sintió que su cuerpo había recobrado toda su energía y vitalidad, pero no tuvo más remedio que levantar el campamento, ya que sus responsabilidades mundanas no le permitían quedarse más tiempo.

Un tanto afligido por esto, comenzó a emprender la vuelta a casa; al hacerlo, le pareció mejor, para levantar el ánimo, optar por el camino más viejo, el cual, había quedado un tanto en desuso por el deterioro que sufrió por el tiempo, sumado a que era el más largo. Pero el cautivante paisaje serrano perduraría más tiempo en el horizonte durante el viaje.
Lo que él no recordaba de dicho camino, era que fue construido entre las sierras, removiendo fragmentos de ellas, por partes, para que el sendero pase por allí, dejando por sectores un paisaje rocoso donde se podían divisar distintas capas de tierra y piedra en una diversa gama de colores. Al redescubrirlo y recordar, se detuvo sin pensarlo, para poder aunque sea, tocar la imponente muralla natural. La simple, cautivadora belleza...
Comenzó a sentir el tacto de la roca y fueron sus manos las que descubrieron de una manera inconsciente y por simple disfrute de esa tan particular piedra, suave al tacto y ordinariamente normal a la vista, pero con una energía tan sólida como imponente del lugar.
Entendió ese día, que para poder encontrar lo que deseaba, debía dejar de buscarlo. No planificar tanto ni obsesionarse, solo era necesario tener confianza y dejarse fluir... ya que si era para él, solo se le acercaría... claro que en el momento adecuado.
Además, él había salido con la idea de algo majestuoso y comprendió que no hay forma, color, brillo, ni nada que haga algo más especial que el hecho de que uno sienta que es así...y si así lo crees...así es!

Así que espero que esta historia pueda recordarles cuán importante es la búsqueda, elección y creación de sus runas, ya que la experiencia que vivas en este proceso es enteramente tuya y por más que el resultado sea el mismo (tener tus runas) podemos convertirlo en algo especial en nuestra vida y no algo más del día a día...
Recuerda que cualquier elemento natural te servirá para tus runas: piedra, madera, gemas, arcilla, cerámica, etc. Elementos como el metal no se los utiliza porque están intervenidos por la mano del hombre y por ende no tienen la energía pura de la naturaleza.

Creando el vínculo

Crear tu propio oráculo es una gran experiencia, en verdad. Dar forma a la materia genera un vínculo único desde el momento en que visualizas la forma de ella dentro de las grietas de las rocas o maderas, por ejemplo.
Hay que tener en cuenta que, desde la búsqueda del elemento, hasta este momento, nos guiamos siempre con la intuición. Ahora, para crearlas, seguiremos ese instinto pero sumándole otra herramienta, que es el arte.
El arte le dará en cierta forma la identidad que imaginamos y deseamos a nuestro oráculo, haciéndolo concreto y aún más parte de nosotros. Podemos hacerlo, claro, de la manera en que nos sintamos más a gusto, talladas, pintadas o grabadas.
En el caso de la bolsa y el paño debemos tener en cuenta que lo mejor es evitar dibujos o inscripciones en ellos, ya que a la hora de hacer una lectura lo mejor es que no haya nada que nos distraiga y nos permita así, una mejor concentración.
Trayendo nuevamente a aquel mago con el que tanto compartí, recordé que me comentó algo respecto de esta experiencia con aquellas runas en particular: *Él me dijo que al terminar de grabar cada runa, notó a primera vista, que había cometido errores de manera inconsciente. Por una parte, grabó dos veces la misma runa y por ende olvidó grabar una. Me afirmó que, en primera instancia, lo tomó como una simple equivocación que a cualquiera puede pasarle... Pero horas más tarde, y reflexionando sobre la ironía de todo el proceso que había realizado para encontrar el elemento y la suerte de haber sido precavido en guardar un par de piedras extras por si acaso, una inquietud se le vino a la mente, ya que después de un proceso así no había lugar para coincidencias. Al detenerse a interpretar ambos errores como señales del oráculo hacia su situación de vida, descubrió dos grandiosos consejos.*

Por esta clase de cosas es importante hacer nuestras propias herramientas mágicas, ya que al hacer las nuestras, la misma magia te abraza y te responde a su manera.

"Los accidentes no existen, siempre hay algo que la vida quiere enseñarnos o mostrarnos con ellos"

Oráculo y Simbolismo

El Oráculo de las Runas

Es importante que antes de pensar en runas nos detengamos primero en la palabra "Oráculo" la cual comúnmente y erróneamente se la usa para definir a una herramienta o ente capaz de predecir sucesos o percibir resultados futuros, esta definición corresponde a la adivinación y no a los Oráculos, ya que esta palabra proviene de oratoria y oculto, es una palabra del mundo antiguo y tales pueblos la utilizaban para denominar a lo que se trasmitía "de boca del maestro al oído del discípulo", y oculto porque refiere al conocimiento sutil que solo el alumno logra escuchar cuando los oídos de éste están preparados para ello, haciendo alusión a que con las palabras no vasta sino que el alumno debe experimentarlas para adquirir su sabiduría.
Por otra parte sabemos que Runas es el lenguaje mágico antiguo y se traduce como "misterio o susurro", pero la pregunta en este punto es ¿qué misterios o susurros esconden?
En este aspecto cada runa y todas en su conjunto revelan distintas maneras de comprensión del ser, de su realización y evolución hacia la plenitud, del mundo natural y la comprensión del Universo. Cuanto logremos aprender en estas cuestiones de este oráculo, dependerá de nuestra capacidad de apertura mental, es decir, cuando menores sean los conceptos impuestos socioculturales de nuestro presente, mayor será la sabiduría que se ira develando de cada simbolismo del pasado…

"Podemos decir entonces que las Runas como Oráculo, son la sabiduría oculta en el lenguaje mágico antiguo, la cual llega a los oídos de aquellos pocos capaces y merecedores de escuchar sus susurros..."

El sentido triple de cada Runa

Una Runa a diferencia del grifo posee una naturaleza semántica triple, posee un cuerpo materializado o físico, también posee un alma propia y además un espíritu autentico.

Primer Capa: El cuerpo material o físico se lo denomina ***Stafr*** *y es la forma que compone a cada simbolismo, dándole la fuerza mágica materializada y tangible al igual que su lugar dentro del sistema futhark.*

Segunda Capa: El alma que posee denominado ***Rúna,*** *representada por el misterio mágico y el secreto esotérico contenido dentro de cada* ***Starf****, este aspecto de la runa es el que mayormente podemos reconocer en las lecturas.*

Tercer Capa: El espíritu que posee está representado por el ***Galdr,*** *que es el sonido de la runa que al pronunciar su canto produce una vibración interna llevándonos a conectar nuestro espíritu con la esencia fundamental de la runa.*

Estas tres partes que unidas componen a la totalidad de cada energía Rúnica, el practicante la va experimentando de distintas formas para tratar de adquirir mayor sabiduría y equilibrio frente a cada una. En una primera instancia se las suele experimentar de manera íntegra pero con el tiempo el practicante se suele abocar a una búsqueda mayor como por ejemplo lo es el "camino del Rúnamál o brujo" asociado a la experimentación de la primer capa con los Stafr, otra de las formas es a través de la segunda capa que abarca desde la práctica de interpretación en las lecturas como en la reflexión que desprende cada energía Rúnica desde su ángulo esotérico mágico, como también el experimentar su vibración sonora a través de la magia Galdrar que nos propone la tercer capa.

En el capítulo siguiente además del significado de cada Runa, se dedica una introducción a cada uno de estos tres aspectos de ellas, buscado despertar el interés del practicante hacia el área más filosófica de este oráculo.

Capitulo II

Significado de cada Runa

Para comenzar a aprender cada símbolo rúnico debemos recordar que el *Futhark* está dividido en tres grupos de ocho runas llamados *Aettir,* para estos pueblos el numero 3 era sagrado y utilizado de diversas maneras, tanto en su sabiduría que se representaba en forma de tríadas, como en sus caracteres rúnicos que poseen un significado triple como mencionamos anteriormente.
Lo recomendable es tomar uno a uno los *Aettir* y estudiarlos agrupados de a dos runas siguiendo el orden que presenta el Futhark, ya que al observar podrán notar que cada par de runas están ligadas de ésta manera, es decir, son energías complementarias y poseen cierta conexión.

Es necesario aclarar para disipar posteriores confusiones que el nombre de cada runa esta presentado en germano, ya que cada cultura las ha nombrado de manera diferente y por esta razón entre libros encontraremos distintas maneras de nombrarlas.
A continuación iremos desglosando runa a runa, su significado tanto simbólico como esotérico, su valor fonético, palabras claves que nos ayuden a familiarizarnos con el símbolo, al igual que haciendo una reflexión de cada una e iremos reconociendo qué aprendizaje nos brindan en nuestro camino a través de los Stafr, lo que nos permitirá ver la energía de la runa en nosotros mismos.

"La madre naturaleza siempre está disponible para que mujeres y hombres la disfruten aprendiendo de su sabiduría sin pedir nada a cambio... ¿Porque ignorarla?"

Primer Aettir

FEHU

El significado de esta runa es "ganado", en la antigüedad el ganado era un factor de riqueza y prestigio en los pueblos de aquel entonces, representaba la economía de la familia, mediante él se podía medir el crecimiento, el esfuerzo realizado y mantenerse vivos.

Hoy en día los factores que marcan la economía son otros, pero el significado de la runa sigue siendo la abundancia que otorga la tierra y que el hombre toma para transformarla en materia para satisfacer sus necesidades y deseos, es decir que ésta runa hoy es el ingreso obtenido, las ganancias materiales y el valor de intercambio por los esfuerzos realizados.
En la antigüedad se buscaba saciar las necesidades de la tribu y mantener la abundancia de la misma, pero a la vez respetando a la tierra y a su ciclo anual que ésta necesita para re-alimentarse, ya que se consideraba que al no respetar su ciclo el balance natural se rompe y no estaban equivocados, ya que el llamado progreso del hombre moderno capitalista mucho le ha costado a esta tierra…

Comportamiento en una lectura:

Derecha:
Cuando se presenta al derecho indica prosperidad que entrará a nuestras vidas de alguna manera. Es decir, tratándose de una situación o marco dificultoso en el que nos encontremos esta runa nos revela que es un devenir necesario que dará sus frutos y además invita a seguir trabajando la materia ya que la abundancia a obtener solo estará condicionada por cuanto demos de nosotros a este objetivo o labor. Tratándose del plano personal, nos indica que hemos puesto lo

necesario para que lo que deseamos se concrete y solo hay que tener confianza, ya que el árbol da el fruto en el momento adecuado y no cuando uno desea que el árbol se lo dé. Tener en cuenta que si FEHU aparece como resultado nos muestra que debemos tener confianza en nosotros mismos, que la dirección elegida es buena y que con trabajo duro se podrá alcanzar lo que se desea, porque ya estamos proyectados a ello.
Si la pregunta refiere a un ángulo amoroso, nos afirma que confiemos en nuestra elección o en la relación, ya que con el pulir traerá buenos frutos al corazón, es decir, las emociones dictan lo que afuera se está materializando y es momento de disfrutar lo que trae más que de poner el foco en la preocupación. En caso de querer empezar una relación es un buen momento para declarar sus sentimientos, ya que serán bien recibidos.

Mirar las runas que rodean a FEHU, si se presentan invertidas o de demora, lo mejor reservarse, colocarse en la posición del espectador e ir evaluando como se van dando las cosas, esperar para cualquier proyecto nuevo, conservar y mantener lo que hoy se tiene.

Esta runa nos muestra que no debemos abandonar la pelea, mientras esté FEHU presente al derecho la victoria será nuestra en cualquier aspecto que aparezca, puede que las cosas se vean difíciles pero no hay que darse por vencido, siempre a la tempestad le sigue la calma y es nuestra capacidad de resistencia y sabiduría la que nos permitirá soportar esa tormenta hasta que pase.

Invertida:
Principalmente FEHU invertida nos presagia una pérdida que no será posible recuperar y no siempre es de carácter material, prestar particular atención en las runas que la rodean en busca de pistas que nos acerque más a la respuesta que buscamos y recuerden que si algo debe morir lo mejor es que así sea para que lo nuevo pueda entrar en nuestras vidas, no olvidemos que el temor o dolor a las pedidas suele crecer de a cuerdo ha cuánto nos aferremos a aquello que se pierde. La vida es evolutiva y si nos quedamos mucho tiempo en una realidad no aprendemos nada nuevo y no evolucionamos, por ésto es bueno que así como recibimos abundancia con alegría, cuando toca soltar es bueno que lo hagamos con agradecimiento y receptivos a lo nuevo que la vida nos traiga.

Rodeada de runas mayoritariamente invertidas, FEHU nos aconseja abandonar cualquier proyecto que haya sido emprendido o que se esté llevando a cabo en este momento, ahora bien, en caso de que las runas que la rodean sean netamente del derecho puede que aluda a una demora por un obstáculo que momentáneamente no se está dispuesto a enfrentar, algo que en realidad debemos aprender de la situación. Esta runa nos marca, emocionalmente hablando, a emociones evadidas en un pasado y que hoy se nos presentan para ser escuchadas y resueltas, en este aspecto puede que se esté viviendo una situación de pesar o tristeza, que será agravada si mantenemos nuestro foco en el dolor, por ende lo mejor es sacar una runa adicional a manera de consejo en este aspecto para ver de qué manera se puede sanar.

También en las parejas puede aparecer simplemente para marcar que los des encuentros, los conflictos o discusiones pasan más por lo material que por lo emocional, ya que de alguna manera hay un desequilibrio en cuanto a distribución, prioridades o proyectos.

Reflexión de la runa:
Ésta runa de ganancias nos invita a hacer una autoevaluación acerca de ¿En qué estamos poniendo nuestra energía? Ya que los frutos son una consecuencia de nuestra labor personal y a veces nos esforzamos por hacer crecer el ganado de otros y no el nuestro sin darnos cuenta.

Reevaluar no es poner en duda sino reafirmar lo que sentíamos.

El camino a través de los Stafr:
Fehu es la primer runa del camino, para el practicante que comienza a recorrerlas representa el mundo material que lo rodea, esta runa le muestra que la abundancia no pasa por poseer o hacer crecer, ya que no siempre lo que es bueno para uno lo es para todos, debe reconocer qué es lo que desea y lo que considera verdaderamente valioso en la vida. Le otorga el saber reconocer y valorar lo que verdaderamente importa...

Galdr:

Fehu Fehu Fehu

ffffffff

fu fa fi fe fo

of ef if af uf

ffffffffff

Palabra clave:
Ganancia, prosperidad, crecimiento, riqueza.

Letra en el alfabeto: "F"

Forma de la runa:
Su forma nace en el paleolítico y hace referencia a la cabeza de ganado con sus cuernos hacia arriba.

URUZ

Esta runa representa a los "bueyes salvajes", para las tribus nórdicas el buey era un animal libre de una naturaleza fuerte, gran poder de resistencia y regeneración.

Esta runa está asociada al buey salvaje en la actualidad, pero antiguamente se la asocio al ya extinto "Uro" que era mucho más grande que un buey, casi doblando su tamaño, poseía una ferocidad mayor, con una piel tan dura como la de un jabalí y con una envestida letal. Por estas cualidades este animal poseía el respeto de todo el mundo natural y por sobre todo de los pueblos antiguos.

Las cualidades de este animal resultan de vital importancia para reconocer como se mueve la energía de esta runa, que representa la fuerza salvaje, nuestra capacidad de regeneración, las revoluciones que exterioriza el yo, la virilidad y principalmente gobierna los cambios de naturaleza impredecible o espontánea.

Comportamiento en una lectura:

Derecha:
Principalmente esta runa en todos los aspectos representa "el confiar en el sentir que se vive y apostar por ello", si se siente y se cree en lo que se siente, no hay más que pensar, es momento de acatar confiando en nuestra intención y voluntad de acción, más que esperar el apoyo del afuera.
Con respecto a los cambios, marca que son naturales, por lo que no se los debería detener, además como mencionamos en la runa anterior para que algo nuevo nazca en nosotros algo debe morir previamente, observa tu vida, puede que haga alusión a cualquier cosa, desde una forma de pensar, a una relación que no queremos aceptar que ha

terminado o que debe transformarse. En este aspecto el cambio solo es evitable si no creemos en él.

En las relaciones indica emociones fuertes, una potencia sexual y a una relación genuinamente unida por el sentir natural y un poco carnal incluso. También puede referirse a lo que anhela esa persona, su verdadera voluntad, una clara visión de lo que espera.. de un para qué?, que no siempre suele estar claro, ya que lo que necesitamos y lo que creemos necesitar no siempre son la misma cosa.

En lo concreto muestra una gran mejora, si es alimentada con buena diligencia y mucho esfuerzo. A menudo se ve como incrementos, asensos o nuevas profesiones, que traerán con ellas nuevas responsabilidades a su vida, pero ésta runa muestra que está preparado y que tiene lo que hace falta.

Lo más importante en este aspecto es que todo se dará de acuerdo a la fuerza que se le ponga al proyecto o labor, es decir, lo que hace falta para que nuestros deseos se cumplan es un espíritu fuerte y confiando en el camino que se eligió.
Mientras esté rodeada de runas positivas, muestra cierto éxito y buena suerte, sin importar el riesgo ni conflicto.

Invertida:
De esta manera URUZ indica que hay una disminución de la energía que impulsaba al ser o consultante a avanzar, es decir, sea cual fuese la pregunta en primera instancia ésta runa marca que se ha perdido demasiada fuerza de voluntad, que hay una gran cuota de desgaste acumulada.

En ocasiones y según las runas que rodeen a URUZ, puede mostrar que el afuera es el causante de ésta situación de falta de voluntad, como por ejemplo, MANNAZ marcaría que proviene de la mirada social o runas fuertes como EHLAZ invertida que estamos permitiendo que algún individuo que consideramos más fuerte o importante dicte cómo debemos obrar en nuestra vida. Pero en cualquiera de estos casos URUZ marca que es el Ser quien puede revertir ésta situación, partiendo desde la confianza en su propio sentir, su voluntad y deseo.

En cuestiones de salud URUZ nos puede dar a entender que algún tipo de enfermedad nos asechará y en caso de ser hombre el consultante puede que tenga que ver con lo sexual tanto psicológico como físico, ya que ésta Runa representa esa virilidad y el sentirse hombre, que al presentase invertida puede mostrar ciertas carencias en este aspecto.

Unida a runas como EHWAZ o RAIDHO puede mostrar un cambio rotundo, y aunque está invertida, positivo. Pero que debido a nuestra falta de voluntad y predisposición será mal aprovechado, para que este cambio sea provechoso se debe hacer hincapié en un cambio de actitud.

En tiradas netamente negativas, URUZ recomienda obviar los cambios, ya que solo traerán malos momentos y problemas, aconseja evaluar aún más antes de tomar una decisión y hacerlo fundamentalmente desde los sentimientos, "que deseamos para nosotros o nuestro futuro", para no repetir nuevamente los mismos ciclos.

En lecturas netamente positivas en cuanto a proyectos o planes económicos esta runa puede marcar un exceso de fuerza que se transforma en ansiedad, para no caer en esto la runa recomienda guiarse al ritmo de la madre tierra darle el tiempo a que el fruto crezca y no intentar que crezca más rápido de lo normal.

En lecturas positivas esta runa nos recomienda tener paciencia, aceptación y buena predisposición, ya que el cambio que vendrá seguramente no nos guste, pero puede que a largo plazo no sea del todo malo y hasta sea bueno.

Reflexión de la runa:
La aparición de esta runa nos invita a conocer más nuestro lado salvaje y natural, ese lado de uno mismo que no le importan los protocolos, las convenciones socioculturales, ni nada de eso. Éste lado solo quiere ser feliz, libre y sentirse pleno. ¿Por qué se presenta? ¿Qué desea mostrarnos? ¿Qué es lo que no está soportando?

El camino a través de los Stafr:
URUZ en el camino del practicante, que viene de meditar internamente acerca de lo que verdaderamente es valioso para él en la

vida, ahora se topa con una energía muy fuerte y latente que proviene de su interior, es su espíritu que desea salir, que lo hace dudar de lo conocido y lo inspira a buscar respuestas. Le otorga fortaleza y despierta su espíritu de aventura rumbo a lo desconocido, a las respuestas…

Galdr:

Uruz Uruz Uruz
uuuuuuuuuu

uuuuurrrrr

uuuuuuuuuu

Palabra clave:
Fortaleza, libertad, regeneración.

Letra en el alfabeto: "U"

Forma de la runa: Su forma nace en el paleolítico y es asociada a la cabeza de un Uro.

THURISAZ

Esta runa representa al "gigante" un símbolo de conflicto, fuerza caótica y destrucción para los pueblos en la antigüedad.

Distintos eruditos han debatido sobre la verdadera asociación simbólica de THURISAZ, según los hallazgos se puede decir que representa la espina, los gigantes o los demonios, pero en lo que realmente se está de acuerdo es en cómo se mueve dicha energía, su potencia destructiva, los marcos conflictivos, los mandatos y choques que representa ésta runa, ya sea que los motivos de uno sean buenos o malos, ésta runa toma las riendas de una manera abrupta y caóticamente, confronta para conseguir su objetivo.

Comportamiento en una lectura:

Derecha:
Esta runa marca que tenemos la fuerza para romper cualquier barrera que se nos presente en el camino, ningún obstáculo será rival para ésta energía, pero hay que tener cuidado ya que el efecto explosivo de estas fuerzas puede dañarte en el proceso o a los que estén de espectadores. Puede que aparezca como una advertencia, en lecturas muy negativas, si nos dejamos llevar por nuestra fuerza destructiva acabaremos heridos nosotros mismos, evaluar minuciosamente las situaciones y caminar con cautela.

Recordemos que esta runa siempre si está rodeada de runas negativas, en ángulos sociales muestra que el tema o ambientes donde se realiza el ser están cargados de cierta flexión y tensión, de todas formas esta runa del derecho sigue marcándonos que debemos confiar en nuestra postura, ya que es el Ser en este caso el que porta esa transformación.

Si está unida a runas de demora será mejor posponer los emprendimientos y en caso de encontrarnos frente a una toma de decisiones, lo mejor es buscar un consejo de alguien que tenga experiencia, ya que en este caso nuestra ansiedad está nublando un poco el juicio.

En lecturas positivas THURISAZ nos muestra que las fuerzas del universo están entrando en nuestras vidas, es una buena señal de fortaleza, liderazgo, fuerza y salud.

Invertida:
De esta manera THURISAZ nos marca que estamos lo suficientemente ciegos como para poder ver el verdadero camino o lo que nos rodea con claridad, es un momento en que solo estamos escuchando los consejos que traen nuestros pensamientos de experiencias pasadas y no queremos aceptar los consejos del afuera, nos encontramos muy juiciosos, la alerta de esta runa sacada de esta manera es advertirnos que de seguir con ésta negativa las consecuencias serán graves.

No es momento de ser confiado, sino todo lo contrario, hay que ser cauteloso tomando cada decisión con tranquilidad y sin engañarse a uno mismo…tener en cuenta que nuestra energía combativa no es el mejor método en este momento.

En ocasiones puede mostrar alguna figura dominante que intenta imponer su doctrina bloqueando nuestra libertad, en éste caso lo mejor es consultar por consejos a las runas, para lograr nuestro cometido sin salir perjudicados por éste personaje.

Reflexión de la runa:
En nosotros existe ese personaje destructivo, que desea tomar las riendas cuando nos sentimos amenazados o atacados por algo o alguien externo.
Este personaje no es bueno ni malo, solo es un extremo, ¿Cuándo representa una ayuda y cuándo complica las cosas en mi vida? ¿Para qué es necesario?

El camino a través de los Stafr:
THURIZAS es la tercer runa en el camino, en este caso el practicante realizar un cambio en su vida, va a dar un giro ya que comprende qué

es necesario para reconocerse, el cual será de manera impulsiva y enérgica, lo va a dar con tanta fuerza porque hasta el momento no conoce otra manera de romper las cadenas de lo conocido y cotidiano, además la runa anterior (URUZ) le mostró cuál era su fortaleza y la libertad del mundo. Le entrega el saber de que siempre se puede, solo hay que desearlo, tomar las riendas y que nunca se está preparado para un cambio, pero para encontrarse a sí mismo es necesario…

Galdr

Thurisaz Thurisaz Thurisaz

thththththththth

thur thar thir ther thor

thu tha thi the tho

thththththththth

Palabra clave:
Fuerza, confrontación, avance, caos.

Letra en el alfabeto: "TH"

Forma de la runa:
Esta runa del neolítico formada por una base vertical y en el centro hacia la derecha un triángulo, nos da a entender un lado rígido y otro punzante.

ANSUZ

Esta runa representa "los mensajes y el don de la palabra", desde un mensaje recibido, una charla, un consejo, es decir el mensaje de los ancestros o los dioses.

Se decía que esta runa representaba los susurros de Odín, los mensajes que necesitamos escuchar en el momento adecuado, es la palabra sabia que entra a nuestras vidas de manera desinteresada, no es ni buena ni mala…simplemente un mensaje ancestral que debemos oír…es el poder de la palabra, para el cual debemos saber escuchar…

Comportamiento en una lectura:

Derecha:
Cuando ésta runa se hace presente en una lectura nos augura que no debemos tener miedo a posibles choques o confrontaciones, ya que con elocuencia y facilidad en el habla se superaran los obstáculos que surjan.

Por otra parte, si surge en lecturas en las que el consultante está buscando un consejo ANSUZ nos dirá dónde encontrarlo, principalmente debemos prestar atención en reuniones, encuentros casuales, personas más sabias que nosotros o con mayor edad. Observando las runas que rodean a ANSUZ en la lectura podemos acercarnos o determinar dónde encontrar ese consejo libre y sin malicia que tanto estamos necesitando, si BERKANO se encuentra cercana es posible que venga de un familiar cercano (padre, madre, hijos), si OTHALA está cerca representa a un familiar mayor (un abuelo) y si JERA está presente puede que venga de una persona de oficio (contador, abogado, psicólogo, etc.).
El consejo que marca esta runa generalmente es abierto, imparcial, sincero y de ayuda.

En raras ocasiones hace alusión al encuentro de una nueva filosofía a través de libros o un nuevo maestro del cual se aprenderá mucho en algún aspecto de la vida en el cual estemos desequilibrados.

Invertida:
En cualquier pregunta que involucre al afuera con el consultante esta runa nos da a entender que es posible que estemos siendo arrastrados por mentiras y engaños.
Es momento de caminar con cautela y si la duda nos aqueja lo mejor es tener más de una opinión, pero de ángulos diferentes, porque puede que alguna opinión no sea lo mejor para nosotros y si para otros, al igual que no será muy benéfico tener en cuenta la opinión de otros que estén inmersos de alguna manera en el tema.
Referida a la familia, puede que haga alusión a una comunicación fallida o falta de la misma.
En este aspecto la runa marca que nuestra opinión o palabras no son bien digeridas por la familia y que lo mejor es tratar de buscar treguas.

Si estamos buscando un consejo con respecto a una idea o proyecto, y ANSUZ aparece de esta manera, hace referencia a que lo llevemos adelante pero de manera oculta, ya que si algún personaje del afuera se entera puede traernos complicaciones, "proyecto enunciado antes de tiempo es un proyecto bifurcado", por ende ya no es nuestro sino del viento...

Reflexión de la runa:
Sincerándonos un poco ¿escuchamos lo que nos dicen o lo que queremos escuchar? ¿Decimos lo que sentimos o nos guardamos algo importante? ¿Los consejos que escuchamos son de quienes quieren vernos bien o de quienes quieren dictaminar nuestro bienestar? Cuánta importancia le damos a veces al peso de las palabras del otro sobre nosotros y cuánto influyen en nuestras vidas?, sin embargo, a las propias solemos no darle el mismo peso y suelen tomar un segundo plano en nuestra vida. ¿Cuándo fue que elegimos no escucharnos?

El camino a través de los Stafr:
ANSUZ la cuarta runa el camino, el practicante comprende y aprende a escucharse a sí mismo, al igual que a escuchar a los demás, a ser receptivo para saber que le está diciendo su vos interior y en vez de tomarlo como lo hizo anteriormente, como ley para romper viejos patrones como fue con THURIZAS, ahora es consciente de su fuerza..

del caos que puede generar y por ende ahora comprende la importancia de su lado reflexivo, de expresar lo que piensa o siente en el momento adecuado. Le otorga el saber escuchar, cuándo hablar y qué decir… el don de la palabra…

Galdr

Ansuz Ansuz Ansuz

aaaaaaaa

aaaaaasssss

aaaaa

aaaaaaaaaa

Palabra clave:
Mensaje, palabras, habla, dialogo.

Letra en el alfabeto: "A"

Forma de la runa:
Mucho se ha hablado en este ángulo con respecto a esta poderosa runa, pero podemos decir que representa la figura de Odín y su manto flameando en el viento.

RAIDHO

Esta runa representa "el carro" y es un gran indicador de viaje o movimiento, de avance e impulso.

Esta runa hace referencia a la energía del movimiento, ya sea en cosas como un viaje o pequeñas intenciones cotidianas con las que deseamos darle un giro, potenciar o impulsar nuestra vida hacia algo más...

RAIDHO siempre se la ha visto como la runa protectora de los viajeros, en el medioevo el viaje representaba una complicación e incluso en ocasiones un desafío, dadas las condiciones de la época, sin caminos ni señalizaciones y como único método de trasportes los pies o el caballo.

Comportamiento en una lectura:

Derecha:
Puede que haga referencia a un viaje espiritual, siendo así, anuncia que es momento de hacerlo, o de ya estar en él aconseja continuar.

En lo concreto o económico, muestra que es un momento propicio para las negociaciones o que la información para una buena negociación está por llegar, buscar en las runas cercanas a RAIDHO para saber mejor a qué alude, pero de todas formas siempre marca el avance hacia el éxito que se desea.

Si como resultado obtenemos esta runa y nos queda poco claro, en lo personal recomiendo buscar respuestas en la runa anterior e incluso sacar una nueva para que nos ayude, en caso de que aparezcan runas como GEBO puede marcar un ofrecimiento inesperado de algo que mejorará nuestro presente, en caso de estar acompañada de runas como ELHAZ invertida, nos anuncia que posiblemente nos vallan a engañar y ese engaño nos impulse a algo nuevo, con PERTHRO invertida, nos habla de una promesa que no tardara en romperse, pero siempre si RAIDHO está como resultado del derecho marca una conclusión positiva desde un nuevo comienzo o camino a recorrer.

Invertida:
Esta runa si aparece de esta manera por lo general nos dice que nuestra energía de movimientos esta desequilibrada, nos estamos preocupando más por lo que se debe hacer y no por lo que deseamos hacer.

De referirse a un viaje, alude a que no la pasaremos nada bien o que realizar éste viaje puede traer consecuencias molestas en otras áreas de nuestra vida como puede ser nuestra estabilidad económica, etc.

En cuanto a los cambios, ésta runa invertida alude a que quizás lo que se planeó en un primer momento fue bueno pero no se ha seguido del todo el plan o los hechos no se dieron como esperábamos y por ende habría que recapacitar el curso de acción y reflexionar en vez de seguir intentado de la manera que se pensó en un principio.

En la pareja ésta runa puede marcar las frustraciones de proyectos en común, o en caso de que sea una relación reciente puede marcar que cada uno espera algo muy diferente del otro, el desencuentro de expectativas.

Reflexión de la runa:
Mis movimientos en la vida, hoy.. ¿Son los que deseo o los que otros esperan de mí? ¿Es lo que mi mente cree correcto o lo que mi corazón quiere? ¿Estoy avanzando por el simple hecho de avanzar o tengo un rumbo?
Éstas son algunas de las preguntas que RAIDHO suele invitarte a hacerte y las sinceras respuestas no siempre son del todo gratas, pero traerán transparencia a nuestro enfoque permitiendo avanzar hacia lo que verdaderamente nos trae felicidad.

El tonto se mueve por inercia...
El hombre piensa y se mueve...

El sabio siente, reflexiona y se mueve…

El camino a través de los Stafr:
RAIDHO la quinta runa del camino, representa la decisión hacia el nuevo curso de acción, es decir, el practicante que en las runas anteriores rompe con viejos patrones y reflexiona el cambio, en este momento RAIDHO le propone tomar la decisión de emprender el verdadero viaje, apostar por lo que él cree, desea y siente, es importante destacar que recién en la runa número 5 el practicante comenzar el viaje, éste orden no es aleatorio, ya que reconoce primero lo que se tiene (Feho = tierra), luego lo que se siente (Uruz = agua), la fuerza de ruptura (Thurisaz = fuego), recapacita y reflexiona (Ansuz = aire). Le otorga el poder de la libre elección en cada paso y momento de su vida…

Galdr

Raidho raidho raidho

rrrrrrrrr

ru ra ri re ro

rudh radh ridh redh rodh
(rut rat rit ret rot)

or er ir ar ur

rrrrrrrrr

Palabras claves
Movimiento, dirección, avance, impulso, camino.

Letra en el alfabeto: "R"

Forma de la runa:
Esta runa puede representar a una persona, la parte de arriba que podría ser su torso que direcciona el movimiento y sentido, por otro lado la parte de abajo podrían ser sus pies, que avanzan hacia la misma dirección.

KENAZ

Esta runa representa el "fuego de la antorcha", el cual es la luz de la creatividad, la lucidez humana, la cual hace referencia al interior.

Esta runa que ha sido asociada desde la luz del fuego de la mente, hasta el fuego que ilumina al viajero en su camino desde el mundo mortal al más allá, siempre ha sido un tema de debate en el mundo mágico y esotérico.
Podemos decir que ésta runa representa fortaleza interior, energía, claridad mental y poder de creatividad, ya que si la oscuridad de la noche de alguna manera podemos asociarla con la ignorancia, la luz de nuestra antorcha será quien nos alumbre el camino hacia la sabiduría.

Comportamiento en una lectura:

Derecha:
Es una runa de creatividad mental, si ésta runa gobierna la lectura de un proyecto o de una idea, marca que es la correcta y que de perseguirla nuestros deseos se verán realizados, marca que hay gran claridad mental.
Es una runa de inventiva y creatividad, favorable para nuevos comienzos de cualquier tipo, además es una runa generalmente asociada a artesanos y artistas.
Habla de un momento de tranquilidad, pocos conflictos y los que se den serán fácilmente repelidos si mantenemos nuestra claridad mental, ya que es una runa de protección.
Junto a runas como INGWAZ o BERKANO puede mostrar un nacimiento de tipo familiar, claro que en este aspecto hay que tener en cuenta en donde está poniendo su energía el grupo familiar, ya que si

es un proyecto familiar marca ese nacimiento, es decir, no necesariamente es un nacimiento de un nuevo miembro.
Junto a runas como ANSUZ, RAIDHO, WUNJO, ELHAZ muestra un nacimiento de una idea, ya sea artística, comercial o creativa, que traerá grandes frutos y gozo en su realización.

Invertida:
Esta runa invertida muestra una pérdida, un ofrecimiento cancelado o un muy molesto retraso, por lo general adquiere un aire de finalidad de algo, ese algo podremos descubrirlo si ponemos atención en las runas cercanas a KENAZ.
Si está acompañada de las runas de demora como ISA, NAUTHIZ invertida u OTHALA invertida, nos advierten que tal pérdida y/o retraso pueden bloquear y/o frenar considerablemente nuestras intenciones, trayendo ansiedad y generándonos traumas por lo que nos sucede.

Esta runa invertida nos está mostrando que estamos obrando con un mal juicio o bien nuestra meta no va con el método que estamos implementando, lo mejor es frenar la rueda, salirse un momento de ella tratando de evaluar todo lo que ocurre desde afuera y todos los ángulos de los involucrados, o bien, reflexionar si lo que se está por perder, o la situación que quizás estemos sosteniendo, lo hacemos porque es una necesidad de vida o realmente es porque tenemos miedo de la palabra “pérdida”… no olviden que todo vuelve, todo se transforma y todo renace… pero para que los cambios y las transformaciones se den algo debe morir antes, en éstas ocasiones es bueno sacar una runa a manera de consejo en cuanto a cómo trascurrir este periodo de manera más pacífica y sana.

Apareciendo invertida en el lugar de consejo, simplemente hace referencia a nuestros monstruos mentales, nos recuerda que si alimentamos un pensamiento negativo lo atraeremos a nuestro presente y si reconocemos que es solo un pensamiento de una posible realidad, no la verdad, podemos cambiar nuestra proyección futura.

Reflexión de la runa:
Tenemos el don del pensamiento para comprender todo lo que nos sucede y lo que nos rodea.

Siendo así, lo que no comprendemos de lo que nos rodea ¿realmente no lo comprendemos o realmente no queremos que nuestra antorcha ilumine esos recovecos de nuestra vida? ¿Por qué?
Hoy tenemos esta herramienta para comprender sin juzgar y con aceptación.

Atrévete a alumbrar con la antorcha.

El camino a través de los Stafr:
KENAZ representa el fuego del pensamiento, en el camino, el practicante se enfrenta a los monstruos mentales, esas ideas negativas, de desconfianza y miedos internos, KENAZ lo hace consciente de que éstas sombras fueron creadas desde la mente y que así como su mente gestó miedos e inseguridades puede gestar creatividad y confianza con la misma fuerza, por eso se la representa con el fuego de la antorcha porque el mismo hombre puede crear este fuego para disipar sus propios miedos. Le otorga el poder del pensamiento y la creatividad.

Galdr

Kenaz kenaz kenaz

ku ka ki ke ko

kun kan kin ken kon

ok ek ik ak uk

kaunnnnnnn

Palabra clave:
Pensamiento creativo, guía en la oscuridad, capacidad de resolución, luz.

Letra en el alfabeto: "K" y "C"

Forma de la runa:
Esta runa en el neolítico representaba el órgano sexual femenino y por ende tiene una potente connotación creativa, gestadora, energética, y de calidez femenina.

GEBO

Esta runa representa "el regalo" siendo así una de las runas que rara vez se puede ver como negativa y por ende carece de posición invertida, es la acción de dar y recibir.

En las culturas germanas los regalos eran un símbolo muy particular, se acostumbraba a regalarle al viajero que partía casi cualquier cosa que el pidiese, sin dudar, sin especular, sin condiciones y sin esperar nada a cambio, al igual que cuando dos jefes de distintas tribu se encontraban era común dar un buen regalo como muestra de respeto y confianza.

Comportamiento en una lectura:

Del derecho e invertida:

Principalmente GEBO hace referencia a un obsequio inesperado quizás y el cual no teníamos en cuenta su llegada, pero que entra en nuestra vida, ya sea algo concreto o algo como una nueva amista u amor.

Si ésta runa aparece como consejo, nos recomienda "fluir" frente a las situaciones o complicaciones ya que son pasajeras y si bien pueden parecer terribles son solo temporales.

En cuanto a situaciones de elecciones sobre caminos a tomar, ésta runa marca que el adecuado es el que marca el corazón y no el que parezca más lógico o cómodo.

En cuanto a movimientos materiales si ésta runa aparece en posición de resultado nos muestra que todo saldrá bien, quizás no como lo planeamos pero el resultado será positivo de todas formas.
En ocasiones puede mostrar un tipo de sociedad en el amor, generalmente anuncia en este caso un desarrollo importante como relación, ya sea una declaración, un matrimonio o cimentar una relación a largo plazo.

En caso de que salga en una lectura que haga referencia a una situación de conflicto, marca que el problema radica en algo emocional, el cual si es resuelto traerá nuevamente paz y tranquilidad.

Reflexión de la runa:
Ésta runa nos recuerda que siempre cosas buenas entran en nuestra vida, ya sean simples y pequeños actos hasta cosas inesperadas de magnitudes mayores, el punto es ¿las reconocemos cuando pasan?

¿Nos alegramos de ellas o las pasamos por alto? ¿Le damos tanto lugar en nuestra vida como a lo que consideramos malo?.

Esta runa no solo nos invita a reconocer lo bueno del día a día y estar vivos, sino también te invita a celebrar el dar y recibir cotidiano.

El camino a través de los Stafr:
GEBO en el camino del practicante representa el reafirmar su elección de aventurarse a la vida con su lado onírico, el personaje se enamora de su vida, de lo que ésta le brinda y movido por su curiosidad avanza hacia lo que le depare. Le entrega el fluir…

Galdr

Gebo gebo gebo

gu ga gi ge go

gub gab gib geb gob

og eg ig ag ug

gaaaaffffff

Palabra clave:

Sorpresa, regalo, descubrimiento, intercambio, amor.

Letra en el alfabeto: "G"

Forma de la runa:
Esta runa podría mostrar el cruce de dos caminos o caminantes que comparten y celebran un inesperado encuentro para luego retomar sus rumbos.

WUNJO

Esta runa representa "la gloria" y principalmente las alegrías que ella trae al corazón como consecuencia de un noble sacrificio y esfuerzo.

Esta es una de las principales runas positivas y está asociada a la victoria merecida después de una larga batalla o ardua labor, el placentero resultado después de un gran sacrificio, hablando en ángulos más cotidianos del hoy, hace referencia a la alegría pura y simple del disfrute cotidiano de la vida, festejos, amores, éxitos, etc.

Comportamiento en una lectura:

Derecha:
En general ésta runa en posición de resultado muestra un periodo de paz y felicidad que entra en nuestras vidas, por ende, anuncia la resolución positiva de las complicaciones actuales.

En cuestiones de nuevos proyectos, trabajos o relaciones ésta runa nos afirma que será un paso merecido en nuestra vida y fundamentalmente feliz.

Observar las runas que rodeen a WUNJO, en ellas podremos ver en qué aspecto se verá más latente ésta cualidad, acompañada de runas como RAIDHO puede que haga referencia a un viaje placentero, con runas como FEHU muestra que entraremos en un periodo de prosperidad y estabilidad, con runas como EIHWAZ muestra un periodo de autoconocimiento y paz espiritual.

Invertida:
Ésta runa si aparece de esta manera puede indicar que o bien se nos está por agotar la suerte, o que la consecuencia de haber caminado de cierta manera no va a traernos alegría sino quizás lo contrario, en todo

caso ésta runa de esta manera nos hace un llamado a reflexionar sobre la manera de andar con respecto a los resultados a esperar…
Unida a runas de movimiento como RAIDHO y EHWAZ puede advertirnos de un viaje inseguro o infructuoso, incluso con averías y demoras.
Esta runa recomienda una necesidad de cautela, al punto a veces de postergar las decisiones hasta que el momento sea el adecuado.
Si aparece de esta manera como consejo, nos invita a reflexionar acerca de los esfuerzos que realizamos si realmente producen lo que deseamos para ser felices, porque puede que haya mucha fuga de energía puesta en lo que el afuera demanda de nosotros…

Reflexión de la runa:
La gloria no está en lograr vencer en la competición, sino en saber cuándo competir y cuando no. De cuantas luchas somos partícipes y cuantas de ellas son realmente necesarias para nuestra supervivencia?. ¿En qué compito innecesariamente? ¿Lo hago porque deseo de corazón el resultado o porque es lo impuesto o correcto? ¿Lo que realmente deseo se obtiene compitiendo? ¿Qué cosas realmente me traen alegría?

El camino a través de los Stafr:
WUNJO en el camino, el practicante encuentra (lo que hasta ese momento cree) el paraíso que busca, en este punto está concretando sus deseos, comprobando de que es posible y que sí se puede cambiar su realidad, al igual que encontrar la felicidad de una manera diferente a la conocida, (claro que lo que no sabe es que le camino recién comienza y le faltan 16 runas más por recorrer). Ésta runa le otorga el poder lograr y recrear su vida…

Galdr

Wunjo wunjo wunjo

wu wa wi we wo

wun wan win wen won

wo we wi wa wu

wwwuuuunnnnn

Palabra clave:
Gloria, disfrute, vencer, competir.

Letra en el alfabeto: "W" y "V"

Forma de la runa:
Esta runa puede ser asociada a las banderas portadoras del emblema de cada tribu.

Segundo Aettir

HAGALAZ

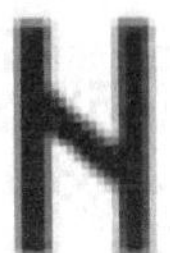

Esta runa significa "granizo" es una de las tres principales runas de demora y limitaciones… La cual primordialmente representa a todas las fuerzas fuera de nuestro control.

Esta es una runa de fracturas, una etapa de situaciones o eventos incontrolables como lo es el granizo, no significa que sean buenas o malas, solo son fracturas elementales, tengan en cuenta que normalmente es negativo ya que hablamos de algo fuera de nuestro control.

Comportamiento en una lectura:

Derecha o invertida:
Lo mejor cuando esta runa se hace presente es tratar de transitar de manera tranquila este periodo en vez de tratar de detener o prevenir situaciones, ya que si no se puede detener la lluvia con las manos, peor nos ira con el granizo…

Fuera de lo duro que nos parezca el granizo, esta en una de las runas más evolutivas del ser, ya que marca los cambios de carácter radical y rotundo, lo que mayormente causa temor de esta situación es que son aquellos que no hemos elegido, es la vida mima empujándonos al cambio y siempre hay un gran aprendizaje evolutivo del yo que trae esta runa, por ende lo mejor es permitirse reflexionar en medio de este cambio acerca de porque se presenta de esta manera, es decir, porque se llego a este punto…

En ocasiones hace referencia simplemente a que estamos en un punto de ser nosotros el granizo, es decir, hacer un acto desmedido corriendo algún tipo de riesgo. En este caso hay que prestar suma atención a las runas que rodean a HAGALAZ, por ejemplo de aparecer junto a runas como FEHU o JERA nos habla que con mucho esfuerzo quizás estos riesgos pueden ser superados, ahora saliendo con una runa como PERTHRO invertida nos habla de que en este momento no podemos ver todo lo que trae ese riesgo y probablemente no sea nada bueno.

En particular esta runa es un firme augurio de que no es un buen momento para un nuevo comienzo. En este momento lo mejor es dejar la ansiedad de lado y saber sobrellevar esta etapa mientras dure este periodo.

Reflexión de la runa:
Esta lluvia de piedras emocional que nos cae encima trae consigo la llave para un mejor mañana, ya que el granizo siempre se convierte en agua y por más que destruye siempre está en nuestras manos saber aceptar lo ocurrido, meditarlo y reconstruirlo para un nuevo y mejor mañana. ¿Es necesario que granice nuevamente o vamos a aprender la lección esta vez?

Ten en cuenta que en la naturaleza se consideraba que si las insistentes alertas no funcionaban se recurría al granizo…

El camino a través de los stafr:
En el camino, el practicante que viene de Wunjo, de la felicidad y la alegría que le traen los días de verano por así decirlo y ahora sin darse cuenta aparece el otoño/invierno, esto le muestra la polaridad de las estaciones en la naturaleza, y por ende, la de su vida, enseñándole que nada perdura, todo está en continuo cambio y movimiento, no se puede quedar estancando en la realidad que le muestra Wunjo, pero él emprende el viaje para realizarse, y para ello debe vivenciar todas las energías con todas las realidades que le propongan cada runa, por ende es Hagalaz la fuerza que lo saca de la zona de confort y lo incita a seguir adelante. Le otorga el saber de qué todo cambia, todo evoluciona y todo está en movimiento constante, nada es para siempre o estático…

Galdr

Hagalaz Hagalaz Hagalaz

hhhhhhhhhh

hu ha hi he ho

hug hag hil hel hol
(hul hal hil hel hol)

oh eh ih ah uh

hhhhhhhhh

Palabra clave:
Granizo, ruptura, quiebre emocional, choque.

Letra en el alfabeto: "H"

Forma de la runa:
Esta runa parecería mostrar dos columnas con el techo derrumbado haciendo alusión a las consecuencias del granizo.

NAUTHIZ

Esta runa nos trae en ella un concepto doble, por un lado hace hincapié en la palabra "aflicción o necesidad" y por otro a la "liberación de esta".

Esta es otra de las grandes runas de demoras, limitaciones y complicaciones, pero a la vez es poderosamente evolutiva. Pero pese a todo esto no es una runa que toma un tono oscuro, simplemente nos avisa que estamos ante una difícil situación de aprendizaje en la vida y como tal puede que sea un tanto duro.

Comportamiento en una lectura:

Derecha:
Nos advierte que el aprendizaje generalmente viene en forma de aflicción, debemos tener en cuenta que si hay cosas sin resolver en nosotros en algún punto salen a la luz y si lo hemos postergado es porque de alguna manera lo veíamos dificultoso o doloroso, así que esta runa nos advierte de esto y además nos marca que es algo que traerá una nueva sabiduría a nosotros, por más que intentemos evitar el proceso, acelerarlo o posponerlo, nada traerá algo bueno, el consejo de NAUTHIZ es principalmente tener paciencia y transitar con calma.

Esta runa como consejo nos invita a reflexionar acerca de cuales son las verdaderas necesidades del ser para realizarse.
Sea cualquier aspecto que se pregunte, esta runa marca que hay una poderosa necesidad interna de realización del ser en dicho aspecto, por esta razón no se la debe tomar a la ligera y observar detenidamente las runas que rodean a NAUTHIZ para determinar si es del campo emocional del yo o de la supervivencia en la vida del mismo.

Invertida:
Esta runa de esta manera nos marca que si tenemos un plan de acción lo mejor es abortarlo o posponerlo, de seguir de esa manera el resultado será una desazón inevitable.
En cuestión de decisiones, NAUTHIZ nos recomienda que posterguemos cualquier decisión apresurada y esperemos que la situación se vuelva clara.
De ser demasiado tarde y haber tomado el camino erróneo, recomienda sincerarnos con uno mismo y reconocer el error, para poder salvar de la situación lo que realmente merezca ser salvado.
Observen las runas que rodean a NAUTHIZ en busca de consejo para como sobrellevar esta situación.
Esta runa de esta manera, invita a resguardarse y reevaluar cuales son las verdaderas necesidades del yo, ya que puede que éstas no sean las reales o sean erróneas.

Reflexión de la runa:
Esta runa de necesidad, justamente nos invita a reflexionar qué cosas creemos necesitar y cuales realmente necesitamos, que no siempre suelen ser lo mismo.
¿Por qué hoy siento que esto me hace falta? ¿En el pasado qué sentía con respecto a esta necesidad? ¿Qué me haría salir de esta emoción dolorosa? Remplazar o sanar…?

El camino a través de los stafr:
En camino, el practicante reconoce cuáles son sus verdaderas necesidades y cuáles estaban de más, desde el mundo concreto hasta el mundo emocional, se está encontrando con la sombra, con temores o aflicciones, y ésta sombra en realidad solo quiere hacerle vivenciar tales cosas para que vea que no son tan terribles, para que se experimente y se temple, para poder avanzar en la vida pero ésta vez con el foco puesto en lo que verdaderamente importa y sin olvidar la polaridad que le presentó la runa anterior, es decir, ahora él sabe que es lo que verdaderamente necesita para realizarse en la vida y comprende que en más de una ocasión van a faltar alguna de esas cosas en la vida y por momentos habrá sobrante de dichas energías, ya que debe experimentar todas y cada una de las polaridades de las

distintas energías en la vida para volverse un ser sabio. Le otorga el saber reconocer que es lo que verdaderamente le hace falta…

Galdr

Naudhiz Naudhiz Naudhiz

nnnnnnnnn

nu na ni ne no

nudh nadh nidh nedh nodh
(nut nat nit net not)

un an in en on

nnnnnnnnn

Palabra clave:
Necesidad, aflicción, obstrucción.

Letra en el alfabeto: "N"

Forma de la runa:
Esta runa está compuesta por una línea vertical que puede representar a la persona y otra que la cruza que en ocasiones es asociado a un puñal clavado por la espalda.

ISA

ᛁ

Esta runa representa el "hielo" en su manera más pura y natural, para un viajero nórdico, el hielo del invierno representaba un peligro a la hora de cruzar un río congelado ya que podía quedar atrapado al quebrase esté.

La hermosa capa de hielo que cubre los ríos en invierno posee gran belleza a la vista, pero es una trampa mortal si se la subestima.

Comportamiento en una lectura:

Derecha o invertida:
En general representa el cese de actividades, el freno de una conducta o tendencia, el estancamiento del consultante por alguna manera o por alguna razón.
Pero todo depende de las runas que se encuentren cercanas a ISA para determinar si realmente esto es algo malo en verdad.
Rodeada de runas de demora nos muestra que realmente no obtendremos los resultados deseados.

Al igual que si la lectura hace referencia a un cambio e ISA está rodeada de runas negativas o de demora, nos advierte que por alguna razón estos cambios no llegaran y de hacerlo traerán pesar.
A menos que la lectura sea netamente negativa ISA nos dice que sus efectos serán pasajeros, como ocurre en el invierno.. el hielo siempre se funde al brillar con fuerza el sol.

En cuanto a las relaciones ya sean comerciales o personales, hace referencia a un enfriamiento de la situación, lo que no siempre es malo, superar las crisis o los estancamientos ayuda a crear nuevos cimientos, ahora si la lectura es negativa en este aspecto habla de enfriamientos conflictivos como traiciones o engaños.

En general el concejo que trasmite esta runa es calma, quietud, aceptación y tratar de rescatar lo que se pueda hasta que termine éste período.

Reflexión de la runa:
En el invierno un río se ve congelado en la superficie, pero por debajo de la dura y fría pared helada el río sigue su rumbo y fluye…
Esta runa nos recuerda que en ocasiones o situaciones, es aconsejable movernos con las emociones congeladas, un tanto fríos con el afuera pero sin perder la calidez por dentro y dejando que nuestras emociones fluyan en nuestro interior.

El camino a través de los stafr:
En este punto del camino el practicante se enfrenta al duro invierno, ésta época fría lo obliga a resguardarse, a aquietarse, a meterse para adentro y reflexionar sobre lo que vivió durante el transcurso del viaje, es el periodo para reconocerse y reconocer que no hay luz sin oscuridad, que así como aprendió del verano y supo disfrutarlo ahora tiene que aprender su opuesto y aprender a disfrutar de él. Esta runa le otorga el poder de ver su verdadero reflejo en el hielo y reflexionar en la quietud…

Galdr

Isa Isa Isa

iiiiiiiii

iiiiisssss
(sssss iiiii)

iiiiiiiiii

Palabra clave:
Quietud, bloqueo, detenimiento.

Letra en el alfabeto: "I"

Forma de la runa:

Desde la era paleolítica su forma es considerada la manera de representar el hielo.

JERA

Esta runa representa la "cosecha" y todo lo que ella conlleva, desde sembrar la tierra hasta recolectar el fruto.

Está asociada al sacrificio, el esfuerzo, las legalidades, e incluso en ocasiones a los valores morales y de nobleza.
Carece de posición invertida ya que de cada acto se obtiene un resultado, bueno o malo será de acuerdo a lo que sintamos.

Comportamiento en una lectura:

Derecha e invertida:
En lecturas positivas referentes a ámbitos laborales y más que nada en posición de resultado, nos habla de que los resultados que estamos esperando del esfuerzo que realizamos, están por dar sus frutos, puede que venga en forma de un nuevo oficio, ascenso, pero de cualquier manera vendrá.
Si la lectura en este aspecto toma un tono negativo, quizás hable de que no estemos siendo sinceros con nosotros mismos a la hora de admitir si realmente hicimos lo necesario para obtener el resultado que deseamos.

En ocasiones aparece en una lectura para marcar un tema legal que nos preocupa y dará a entender hacia donde avanzar para no salir heridos sin dañar a los demás.

Por lo general cuando toma un tono de consejo, ésta runa nos dice que solo obtendremos lo que deseamos con sinceridad, honestidad, dedicación y esfuerzo.

En cuanto a las relaciones, de pareja o familiares, ésta runa nos aconseja hacer hincapié en escuchar, en ocasiones, en vez de hablar, comprender en vez de hacer entender, tener que respetar para poder hacer respetar tales cualidades y así poder resolver desde un ángulo imparcial.

Reflexión de la runa:
Los frutos son la consecuencia de nuestros esfuerzos. ¿En qué y para que me estoy esforzando? ¿Me esfuerzo a hacer lo que es correcto, lo que se espera de mí, lo que beneficia a otro?... o lo que deseo y alimenta mi felicidad?

El camino a través de los stafr:
En el camino del practicante, lo lleva a reconoce los ciclos naturales. Ve que el invierno se está yendo para dar paso a algo nuevo...todo está en movimiento, todo es parte de un continuo cambio y él ahora es consciente de que es partícipe de ello, ésta energía no solo en el plano concreto despierta al practicante sino que, a su vez, le muestra que sus emociones no siempre son las mismas, ya que a medida que más se comprende a si mismo más comprende qué es lo que verdaderamente necesita y siente, por ende, se va re direccionando y cambiando, al igual que sus pensamientos no son los mismos, hasta su lógica evoluciona de acuerdo a su experiencia, es decir, él está en continuo cambio y por ende ya no puede mantener una estructura cuadrada en su vida, ahora comprende que la vida es circular y constante.

Galdr

Jera Jera Jera

jjjjeeerrrraaaa

jjjjjjjjj

ju ja ji je jo
(jur jar jir jer jor)

jjjjeeeerrrraaaa

Palabra clave:
Cosecha, juicio, balance.

Letra en el alfabeto: "J"

Forma de la runa:
Esta runa formada por dos partes iguales que giran representando el paso de las estaciones de manera circular en el año, podemos deducir que eligieron dos una por la época de invierno y otra por el verano.

EIHWAZ

Esta runa simboliza al "tejo", un aliado poderoso de los pueblos nórdicos y una runa sagrada ya que este gran árbol era el que formaba los nueve mundos de los hombres y espíritus, él es "Yggdrasil".

Está asociada a la protección mágica y espiritual, este árbol tiene la particularidad de mantenerse verdoso en invierno, su madera al arrojarla al fuego chispea lo cual es una muestra de sus atributos mágicos y se los plantaba en los cementerios para que los espíritus descansen y no vaguen por ahí.

Comportamiento en una lectura:

Del derecho e invertida:
Esta runa en cuestiones de crecimientos y proyectos nos habla de que estamos bien encaminados en el objetivo, pero debemos avanzar con calma ya que la ansiedad no es buena compañera e incluso puede generar retrasos o complicaciones en nuestros planes.

Esta runa de igual manera nos recuerda que nada está perdido por más malas que parezcan las cosas en estos momentos, si sale en posición de resultado.
También hace hincapié en ser previsor, estable y sólido como es éste árbol en particular, si la lectura refiere a posibles situaciones dudosas que afecten nuestro bienestar en los días venideros.

Con runas como JERA habla de situaciones que habíamos esperado se dieran debido a nuestro esfuerzo, con runas como ANSUZ puede asociarse a un consejo de vida revelador o un mensaje bien recibido de un ser querido, dependiendo del tono de la lectura, observen bien que runa acompaña a EIHWAS para poder comprender bien el rol que cumple en la lectura.

Reflexión de la runa:
Los árboles ancianos observan las distintas generaciones pasar, ellos a diferencia de nosotros se entregan a las estaciones y se desapegan de sus hojas dejándolas caer con confianza a la tierra, ya que saben que todo vuelve y en primavera florecerán.
¿A qué cosas nos aferramos tanto y solemos no dejar ir? ¿Son realmente cosas que nos mantienen con alegría y felicidad?

El camino a través de los stafr:
En éste punto del camino, el practicante se topa con el árbol que le enseña a comprender y rumiar lo que ha vivido, es decir, le enseña a que puede sobrevivir en la vida sin importar cual fueran las condiciones "si se mantiene en su propio eje", anteriormente Jera le explicó que todo es cíclico, ahora Eihwaz le enseña a que así como la tierra se mantiene en su eje dentro del sistema solar, que es el eje central, él debe aprender a mantenerse en su eje para poder fluir en los ciclos de su vida. Le está diciendo que "como es arriba...es abajo", "si comprendes y aprendes del universo, te comprendes y te conviertes en tu propio maestro". Le entrega el saber de "como es arriba es abajo" y "que el eje de la vida está en su interior"...

Galdr

Eihwaz Eihwaz Ehiwaz
(iwaz iwaz iwaz)

e e e e e e e e e
(Sonido de la bocal cerrada, neutra)

iwu iwa iwi iwe iwo

iwo iwe iwi iwa iwu

e e e e e e e e e

Palabra clave:
Camino interior, espíritu, desapego.

Letra en el alfabeto: "J"

Forma de la runa:
No se encuentran datos sobre su procedencia pero es posible que represente un árbol de tejo, es decir, la línea vertical el tronco, las otras dos la raíz y las ramas (ambos lados se dibujan iguales ya que puede que se asocie a la dualidad).

PERTHRO

Esta runa representa el "misterio", y como tal los secretos, lo que no desea mostrarse, las cosas escondidas y las capacidades ocultas.

Esta runa se caracteriza por advertir que algo será revelado o estamos próximos a descubrir lo oculto, representa lo que no podemos divisar aún a simple vista, pero que es posible que pronto se muestre.

Comportamiento en una lectura:

Derecha:
Generalmente ésta runa muestra un buen potencial intuitivo de la persona que consulta, aconseja confiar en ello y estar alerta mientras dure el periodo de la lectura.

Observen con atención las runas que rodean a PERTHRO en una lectura, si junto a ella vemos runas como GEBO, THURISAZ o HAGALAZ nos indica que sea un obsequio o regalo, evaluar bien las pretensiones de por qué se nos otorga, ya que en éstas combinaciones hace suma referencia al secretismo y la conveniencia, e incluso para algo que hoy todavía no existe pero que están armando el camino para ello y en algo tenemos que ver.

Con runas como URUZ, KENAZ o TIWAZ , en relaciones de pareja habla de una gran compatibilidad sexual por ambas partes, pero de aparecer PERTHRO con alguna de estas runas en posición invertida habla de una pareja sostenida por el sexo, y de no intentar cambiar este curso de la relación, estaremos con una separación en puerta.

Invertida:

De ésta manera, principalmente habla de algún tipo de secreto o situación inesperada que está a punto de saltarnos encima, lo mejor es moverse con calma y atentos, porque de otra manera nada bueno se obtendrá.

También puede hacer referencia a algún secreto que guardemos nosotros mismos por alguna razón y que está a punto de ser descubierto.

Observen con cuidado las runas más cercanas a PERTHRO en busca de consejos para cómo llevar adelante las situaciones que puedan darse, ya que si el consultante hacía referencia a alguna persona con la que tiene algún tipo de vínculo, habla de que podemos estar cercanos a sufrir un distanciamiento de esa persona por algo que ella ha entendido de nosotros, por ejemplo de aparecer en la lectura junto con una runa como ISA puede que la relación con esta persona se esté enfriando.

Reflexión de la runa:
Mantener en secreto un deseo, sentimiento, proyecto o idea nos permite nutrirlo, gestarlo y generarlo al tiempo que lo deseemos en nuestra realidad. Por otra parte al decirlo en voz alta la energía se divide, deja de ser enteramente nuestro para ser también parte del aire donde la energía se bifurca dándole oportunidad al afuera a tomarla, usarla, copiarla o frenarla.
¿Cuántas cosas enunciamos antes de concretar? ¿Los problemas que afectan nuestros deseos estarían mejor si alguien no los supiera?

El camino a través de los stafr:
En el camino, el practicante que viene de comprender que necesita alinearse a su eje, éste otro árbol le muestra de donde vienen todos los seres, le otorga el fruto portador de la capacidad de conectar con su lado onírico, sutil e interno, con la Diosa sabia, le muestra que metiéndose para adentro, confiando en su intuición y emociones, comprenderá cuál es su verdadero centro y que para no volver a perderse, solo debe ser sincero con el mismo a la hora de caminar en la vida (moverse por sus emociones). Le otorga la confianza en su intuición como brújula en su vida…

Galdr

Perthro perthro perthro

pu pa pi pe po

purdh pardh pirdh perdh pordh

po pe pi pa pu

peeeerrrrthththththrrrroooo

Palabra clave:
Misterio, secreto, oculto.

Letra en el alfabeto: "P"

Forma de la runa:
Esta runa representa una vasija de arcilla haciendo referencia a la matriz universal *la madre tierra.*

ELHAZ

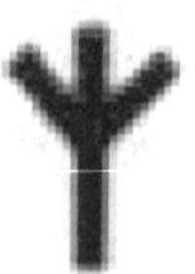

Esta runa es la "mano extendida" que ahuyenta las malas energías, es uno de los símbolos más antiguos de la humanidad y todas las culturas, no solo las germánicas, han dado la misma interpretación y uso similar a este símbolo.

Es la runa de protección por excelencia y está íntimamente relacionada con el alce y sus astas, además de las ramas de los árboles ya que representan la extensión natural que los hace receptores y cercanos a la sabiduría de los dioses, ELHAZ tiene muchas maneras de interpretación pero todas asociadas a la naturaleza, la sabiduría del reino animal, protección, nobleza y magia.

Comportamiento en una lectura:

Derecha:
Para las tribus germanas representaban las astas del alce que para éste eran su elemento de protección.

Además representaba la nobleza del reino animal y era:

El que mora en los bosques,
El que conoce la naturaleza,
El que la respeta,
El verdadero sabio.

En las lecturas que respectan a un ángulo social, ELHAZ representa que es tiempo de mostrarnos tal cual somos, con nuestros valores, herramientas, manera de pensar y ser nosotros mismo, de esta forma llegaremos más lejos de lo que deseamos y las puertas se abrirán para nosotros.

Como consejo respecto a alguna situación particular, ésta runa aconseja que no hay nada de que temer, confiando en nuestras herramientas sin dañar a otros nadie podrá dañarnos y caminaremos de una manera pacífica hacia lo que deseamos.

Invertida:
En este caso hay que tener sumo cuidado, habla de que debemos protegernos y resguardar lo que consideremos valioso, de cualquier manera en ocasiones los sacrificios son inevitables y necesarios, claro que generalmente no estamos preparados y mucho menos deseamos que sucedan tales perdidas, de todas formas en cuanto a las perdidas debemos recordar que nada se destruye y todo se transforma, lo que ayer creímos imprescindible.. hoy lo dejamos ir de buena gana para mañana poder acercarnos a una felicidad más libre del afuera y cercana a nuestro interior.

Observen bien las runas que rodean a ELHAZ para poder visualizar con más claridad a que hace referencia, puede que sea una advertencia acerca de no tomar el camino fácil que generalmente traen una corta época de felicidad y optemos por el camino largo con sacrificios de por medio, pero con un largo periodo de paz posterior.

Sumo cuidado con las runas invertidas cercanas a ELHAZ puede que traigan más mensajes, por ejemplo al lado de runas como PERTHRO invertidas puede hablar de algún tipo de traición o complot de alguna persona cercana a nosotros, en estos casos lo mejor es pedirle algún consejo a las runas para como caminar frente a un cuadro así.

Reflexión de la runa:
Esta runa en particular nos invita a reflexionar sobre lo que el reino animal en si tiene para enseñarnos y la sabiduría que cada animal esconde.
Un águila a la mitad de su vida se aleja de todo buscando lugares altos y aislados para reciclar su pico golpeándolo contra la dura roca, se arranca sus garras ya débiles para que nuevas y fuertes crezcan, por último se saca las plumas rotas y viejas, al finalizar este proceso que le toma unos meses se vuelve a lanzar al viento fuerte, experimentado y renovado, listo para encarar la otra mitad de su vida.

A veces es necesario alejarse de la realidad de uno, para en soledad poder reconocer sus herramientas, perfeccionar sus habilidades, evaluar con calma lo verdaderamente importante para poder focalizarse en lo que desea y lograrlo.

El camino a través de los stafr:
Elhaz en el camino del practicante, (que anteriormente reconoció de donde viene), reconoce la fe en el afuera y en el mismo, comprende que las realidades polarizadas son parte de la danza de las estaciones, que de todas aprende y en este caso el ciervo le recuerda que él está conectado y es parte de esta energía vital del universo, por ende, le enseña a confiar en él mismo y en las leyes universales. Le otorga el saber de que "él es puente y canal"...

Galdr:

Ehlaz Ehlaz Ehlaz

z z z z z z z z z z z
(sonido zumbarte, casi como silbido)

uz az iz ez oz

oz ez iz az uz

zzzzzzzzzzz
(mmmmmmmmmm)

Palabra clave:
Protección, control, sabiduría, magia.

Letra en el alfabeto: "Z"

Forma de la runa:

Esta runa muestra las astas del alce, la garra del águila, la mano extendida, la pata del ñandú, un ser que levanta sus brazos invocando las fuerzas naturales, muchas interpretaciones podemos encontrar sobre su forma y todas son adecuadas ya que este símbolo es uno de los más antiguos de la humanidad y ha sido dibujado por muchas culturas desde indios americanos, africanos, en Europa, etc.

SOWILO

Esta runa representa "el sol" en todo sentido pero fundamentalmente en su poder activo y energía pura de este astro, los rayos solares que nos alcanzan todos los días.

Esta runa contiene la alegría de la vida, la creatividad, el disfrute de nuestra libertad, la fuerza de crecimiento y todos los días podemos verla presente en un atardecer.

Aunque también hay que tener en cuenta que esta energía desequilibrada representa control, falta de libertad y amor, ego, todo depende del marco de la lectura, ya que ninguna runa es ni mala ni buena, solo la representación de una energía que de acuerdo al momento en el que estamos puede verse de una u otra manera.

Comportamiento en una lectura:

Derecha o invertida:
Es la runa del éxito y en toda lectura rúnica en posición de resultado, por más difícil que parezca, nos dice que después de la tormenta viene un amanecer promisorio y por ende veremos realizado un resultado favorable.

Carece de posición invertida ya que la energía solar de esta runa no puede ser mala ni buena, solo es energía activa la cual en el momento que aparece en la lectura nos marca que está a nuestra disposición y somos nosotros los que elegimos como direccionala, claro que como canal lo recomendable es tener en cuenta que al hacer nuestra voluntad, nadie salga perjudicado y siempre sin dañar a otros.

Esta runa en cuestiones más individuales y personales nos dice a modo de consejo que debemos evaluar en qué estamos poniendo nuestra energía.
Recuerden que esta energía está disponible en nosotros de una manera firme para el buen cambio o para reafirmar lo que elegimos para nosotros mismos.

En lecturas negativas puede mostrar una imagen que está condicionando nuestro presente en algún ángulo, un jefe o un padre quizás, pero siempre marca que tenemos la energía para cambiar lo que nos causa pesar.

Reflexión de la runa:
A menudo creemos que no gobernamos en algún punto nuestra vida, nos dejamos someter a una costumbre social, cultural, de familia o de falta de creencia en uno mismo. Pero esta runa nos recuerda que la vida que uno tiene es producto de nuestras decisiones, somos nosotros quienes la gobernamos siempre, "y siempre tenemos elección", siempre tenemos la fuerza para hacer nuestra voluntad, solo hay que atreverse a tomar las riendas, confiar y disfrutar de la aventura.

El camino a través de los stafr:
Sowilo en el camino del practicante (que viene de recuperar la confianza en sí mismo) ahora va a tomar las riendas de todos los ángulos de su vida, EL ES y como ahora es consciente, va a reflexionar sobre cada decisión a tomar desde el "yo gobierno mi vida" porque sabe que él es el único responsable a la hora de responder por sus actos y por ende ahora será él quien decida (claro que puede decidir dejar algo como estaba antes, pero de todas formas al reflexionar nuevamente está siendo consciente de lo que anteriormente eligió y reafirmándolo). Le otorga el saber de "tú eres quien gobierna tu vida"…

Galdr:

Sowilo Sowilo Sowilo

sssssssssss

sssssoooollllll

su sa si se so
(sul sal sil sel sol)

us as is es os

so se si sa su

ssssssssss

Palabra clave:
Éxito, fortaleza, liderazgo, independencia, plenitud.

Letra en el alfabeto: "S"

Forma de la runa:
En la antigüedad se representaba al sol, ya sea de esta manera como con la svástica (en esta última son dos runas *sowilo* unidas, la connotación que le dio el nazismo es otra tema).

Tercer Aettir

TIWAZ

Esta runa de "victoria" era la principal a la hora de la batalla para los pueblos germanos, la cual grababan en sus lanzas para que los llevara a la victoria y los devolviera a casa con vida.

Es la runa asociada a *Tiw* uno de los dioses teutónicos más importantes de la época prehistórica, el cual gobernaba las guerras, los juicios tanto de leyes como morales, pero a diferencia de otros dioses guerreros él no alentaba la ira, la barbarie, violencia desmedida, sino que sus principales cualidades eran el valor, la inteligencia, la destreza y el honor.

Comportamiento en una lectura:

Derecha:
Esta runa es utilizada para diversos amuletos en los que buscamos un objetivo específico o para revivir esta cualidad en nosotros mismos cuando ésta se encuentra disminuida.

En una lectura con respecto a una competición o logro que persigamos, en posición de resultado, nos dice que el éxito está cerca o bien que hemos escogido el camino adecuado y de seguro obtendremos el resultado deseado.

En ocasiones muestra una persona que ha elegido una causa noble, que la motiva el juego limpio y está dispuesta a enfrentar la desigualdad, la mentira y todo obstáculo a enfrentar, en este caso TIWAZ en la lectura reafirma el éxito de su causa recordando que no será fácil pero obtendrá buenos resultados. Observando las runas circundantes podemos ver que otras energías se están moviendo en nosotros o en el afuera para comprender un poco más acerca de la sabiduría a adquirir en este camino.

En lecturas donde TIWAZ se encuentra rodeada de runas negativas o de demora, nos habla de que por más que nos esforcemos y deseemos avanzar, los obstáculos no serán derribados y lo mejor en esos casos es meditar de manera más fría acerca de si es el momento adecuado, si realmente lo merece.

En ocasiones unida a runas invertidas como URUZ o RAIDHO, pueden estar dándonos un aviso de que la energía es la correcta pero que el camino no es el adecuado.
Hay que dejar en claro que esta runa siempre marca que tenemos lo necesario para avanzar hacia lo que deseamos y la voluntad suficiente para superar los obstáculos.

Invertida:
En este sentido esta runa y de acuerdo al tono de la lectura, habla de que estamos pasando una etapa de altibajos que nos generara pesar ya que impide que avancemos hacia lo que deseamos.

Cuando la lectura es netamente negativa, lo mejor es reevaluar los porqué llegamos hasta aquí, cuan necesarios son para nuestra felicidad y si verdaderamente es el único camino.

En caso de estar junto a runas de demora, podría recomendar simplemente un cese de actividades, reagruparnos por así decirlo, ya que la energía del afuera o la que hoy nos gobierna es lo suficientemente pesada como para aplacarnos de momento, lo mejor es ser pacientes y buscar consejos para como caminar mejor esta etapa, qué se debe aprender de ella.

Reflexión de la runa:
Esta runa nos recuerda que somos poseedores de la fuerza para construir la vida que queremos, obtener la victoria y mantener nuestros corazones en paz, pero no olvidemos que en ocasiones para obtenerlo hay que hacer sacrificios, estos debemos hacerlos para y por nosotros, no para que otros los vean.

¿Cuál es el propósito de mí lucha? ¿Lo hago por mí bienestar realmente?

El camino a través de los stafr:
Tiwaz, en el camino del practicante, que viene de reconocerse y gobernar su vida con Sowilo, ahora está listo, sabe que es lo que quiere y ha aprendido de todas las runas anteriores y de las estaciones, ahora con la energía de Tiwaz va a direccionarse y avanzar hacia el mañana que desea, aprendiendo de esta energía que todo lo que haga puede lograrlo si respeta lo aprendido hasta ahora en su camino, en todo lo que ponga su intención, deseo y esfuerzo puede concretarlo, es decir, se re direcciona a un nuevo mañana más equilibrado y consciente. Le otorga el poder reconocer su experiencia, valor y fortaleza, otorgándole además planificación desde el propósito y focalización en el mismo…

Galdr:

Tiwaz Tiwaz Tiwaz

Tiiiiirrrrr

tu ta ti te to

tur tar tir ter tor

ot et it at ut
(Týr Týr)

tiiiiirrrr

Palabra clave:
Dirección, justicia, victoria.

Letra en el alfabeto: "T"

Forma de la runa:
Su forma procede del neolítico, era un talismán representativo del guerrero y deriva de las puntas de lanzas y espadas.

BERKANO

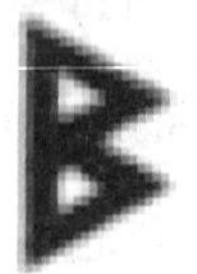

Esta runa representa al "abedul" que en las culturas antiguas simboliza la llegada de la primavera, ya que es el primer árbol en reverdecer después del largo invierno.

El abedul no solo marcaba el fin del invierno sino también el comienzo de la agricultura, es un árbol que representa a la Diosa Madre y al reverdecerse el árbol marca que la diosa de la abundancia ha llegado y con ella la bendición de la tierra fértil.
Es la runa del nuevo comienzo, de los nacimientos y de la familia, la naturaleza.

En las lecturas aparece para marcar una nueva etapa por un acontecimiento que estamos viviendo en este momento o que está por venir.

Comportamiento en una lectura:

Derecha:
De acuerdo a las runas circundantes y a la pregunta que hemos hecho, sabremos a qué hace referencia la respuesta, puede marcar desde un nacimiento de una idea que traerá prosperidad a nuestro estar, hasta el nacimiento de una nueva relación afectiva.

Recuerden que BERKANO es la runa que marca el paso del invierno a la primavera, por ende en nosotros mismos puede hablar de que el periodo de reflexión, quietud y meditación a finalizado para dar comienzo a algo nuevo justamente de acuerdo a lo vivido, experimentado y reflexionado en la etapa anterior.

En posición de resultado esta runa marca que éste nacimiento es positivo, lo mejor es disfrutar en el hacer de esta nueva etapa.

En ocasiones como consejo frente a consultas de qué es lo que nos haría bien a nuestro ser, suele recomendarnos que nos conectemos con la naturaleza, que nos demos el tiempo de disfrutar de ella y recargarnos con su energía.

Invertida:
En este caso puede advertirnos que el nuevo comienzo que ansiamos no traerá nada de lo bueno que esperamos, y en este caso recomienda que evaluemos, el entorno donde estamos esperando este nacimiento, de qué depende y de los intereses del afuera con respecto a nuestra idea.

Cuando hace referencia a la familia puede hablar de roses y conflictos que solo traen pesar en este momento, y de no tomarnos el tiempo adecuado para digerir las situaciones dadas, estás empeoraran dificultando lo nuevo que podamos buscar.

Tener muy en cuenta las runas que rodean a BERKANO de esta manera, ya que traerán posiblemente consejos a cada situación.

En relaciones comerciales o posibles negocios aconseja meditar lo que realmente se plantea e incluso tratar de no hacer nuevos emprendimientos durante este periodo.

Reflexión de la runa:

Ella es mi madre,
Ella es tu madre,
Ella es la madre naturaleza.

Siéntate en el césped, esa es su piel.
Escucha el viento rosar los árboles, esa es su vos.
Observa la vegetación, ese es su rostro.

Ella nos muestra y enseña la armonía de la naturaleza invitándonos a llevarla a nuestra vida cotidiana.

¿Qué aspectos de nuestra vida deseamos hacer nacer en esta armonía?

Esta runa te brinda su energía para lograrlo, solo falta que des el primer paso…

El camino a través de los stafr:
Berkano en el camino del practicante, que viene de aprender a direccionar su energía y ahora está listo para crear, y está observando los primeros brotes de su esfuerzo, comprende a la tierra y su facultad dadora de todo lo necesario en abundancia e internamente comprende que él es capaz de retraerse, cambiar, direccionarse y ahora hacer tangible una nueva realidad en su vida como el la deseó.

Claro que siendo consciente de: "que siempre debe dar su mejor esfuerzo poniendo la energía adecuada en el momento adecuado" y "que los frutos vienen cuando deben venir, al tiempo de la tierra, no al que su ansiedad desea". El saber gestar…

Galdr:

Berkano berkano berkano

bu ba bi be bo

beeeeerrrrr
(burk bark birk berk bork)

ob eb ib ab ub

Beeeeerrrrr

Palabra clave:
Nacimiento, comienzo, abundancia, naturaleza, madre tierra.

Letra en el alfabeto: "B"

Forma de la runa:
En la antigüedad era la manera de representar los pechos que nutren la tierra de la gran diosa madre.

EHWAZ

Esta runa representa al "caballo" y por ende el movimiento físico, además de los movimientos espirituales.

Los caballos en la cultura germánica tenían una gran importancia no solo por ser el medio de trasporte y su uso para la guerra, sino que los caballos estaban asociados al culto del sol y las yeguas estaban asociadas al culto de la diosa.

Comportamiento en una lectura:

Derecha:
Esta runa por lo general aparece para anunciar un cambio que se avecina, o la necesidad de un cambio positivo, o bien que los cambios se adelantaron...
Estos cambios pueden ser nuevos entornos, una nueva manera de ver una relación, una manera diferente de relacionarnos con nosotros mismos en soledad, cambios laborales o movimientos físicos para mejor.

En posición de resultado y con respecto a algún fin que estemos persiguiendo, nos anuncia que el éxito está cerca y en estos casos lo mejor es tener muy en cuenta la runa que aparezca junto a EHWAZ, la cual puede proporcionar el consejo adecuado para alcanzar de mejor manera ese éxito tan buscado.

Cuando está rodeada de runas muy negativas nos anuncia que el camino será muy difícil y quizás con algún sacrificio un tanto doloroso, pero mientras esté en posición de resultado siempre habla de que las cosas terminaran bien, de sentirnos muy acosados por la situación lo mejor es pedirle consejo a las runas en busca de cómo sobrellevar los días, no olviden que sin entrega no hay ganancia en esta vida, así como los árboles entregan a la naturaleza las hojas en otoño, la naturaleza en primavera les entrega nuevas y radiantes hojas.

Invertida:
Esta runa generalmente de ésta manera no toma un carácter tan negativo en primer instancia, ya que si la lectura es netamente positiva puede hablar de un cambio abrupto por una discusión o un repentino trastocamiento de planes, pero a menos que esté rodeada de runas de demora y/o negativas esto no será para mal, todo cambio generalmente asusta porque nos acercamos a una situación que desconocemos, pero esta runa nos recuerda que esta en nosotros hacer de eso algo malo o bueno, si no cambiamos, nos estancamos y no crecemos…

Ahora si nosotros estamos planificando un viaje extenso o un cambio importante y la lectura es por demás negativa junto con EHWAZ de esta manera, nos recomienda evaluar mejor todas las opciones y plantear si realmente es el momento adecuado para dar ese paso, a veces el que espera y resiste, logra un cambio que perdura y que no se frustra.

Reflexión de la runa:
Observar a los caballos salvajes nos recuerda los espíritus libres y plenos vagando por los prados, pero por otro lado recordamos la capacidad del hombre para domarlos y domesticarlos…
Esta runa nos invita a reflexionar sobre nuestro espíritu y su situación actual. ¿Cómo se encuentra? ¿Está siendo domado por nuestra mente o realmente es libre? ¿Las condiciones sociales de cómo uno debe ser o vivir están domesticándolo de alguna manera?

El camino a través de los stafr:
En el camino del practicante Ehwaz, después de haber comprendido como direccionar su energía (Tiwaz) y como gestar (Berkano), ahora comprende el verdadero valor de su libertad y cuan importante es no evadir lo que su espíritu dicta, antes se creía libre por tener el control de sus decisiones y actos, pero estos caballos salvajes le enseñan a ver que los pensamientos también pueden estar atados a viejas creencias o

costumbres, y para ser libre de verdad debe reconocer de donde vienen sus pensamientos, si se forman en base a lo que se debe, a conceptos sociales, a la cultura o a lo que siente. Le muestran que un ser el libre no solo lo es en cuerpo, sino también en mente y espíritu.
Recordándole que así como el caballo puede ser domado o salvaje, viviendo toda su vida igual, él también puede ser inconscientemente domado por el peso de los pensamientos. Le otorga la libertad plena…

Galdr:

Ehwo ehwo ehwo

Eeeehwoooo

ehwu ehwa ehwi ehwe ehwo

eeeehwooo

Palabra clave:
Movimiento, cambio, avance.

Letra en el alfabeto: "E"

Forma de la runa:
En la era paleolítica era la manera de dibujar los caballos.

MANNAZ

Esta runa representa la "humanidad" asociándola a los hombres y mujeres que la conforman.

Así como hemos visto runas que representa las estaciones, el reino animal, el reino vegetal, esta runa representa la humanidad, el ser como dualidad (femenino-masculino), el hombre o mujer capaz de recrear en su vida las emociones que lleva dentro, las relaciones con el entorno, la vida del ser en sociedad, el amor a uno mismo, a una pareja, a la vida y a la naturaleza, siendo capaz de reconocer ese amor que tiene dentro y volviéndolo realidad en el mundo que lo rodea.

Comportamiento en una lectura:

Derecha:
En una lectura acerca de un problema, ésta runa está ligada a la relación con el entorno y las emociones del consultante, y por ende la fricción que produce todo eso en su persona, por ejemplo de tener que ver con algún problema laboral, hace referencia al entorno del trabajo y a las relaciones en el mismo, aconseja que para lograr lo deseado la clave de nuestro éxito será el tacto y la manera de relacionarnos, observen las runas que rodean a MANNAZ en busca de consejos en cuanto a cuál sería la manera más adecuada, unida a runas como SOWILO aconsejaría con nobleza, lealtad, carisma y a la ves caritativos, con runas como ANSUZ puede indicar que recibirán un buen consejo de manera desinteresada de alguien del entorno quizás.

En consultas que hacen referencia a relaciones amistosas o familiares nos da una buena señal acerca de tratar los problemas y hablar las cosas, siempre que la lectura sea por demás positiva, de haber runas de demora o invertidas prestar atención a qué pueden hacer referencia tales runas, ya que generalmente puede hablarnos de que se generará cierta fricción con estos personajes, de relacionarnos durante este periodo.

Si aparece a manera de consejo en ocasiones nos invita a reflexionar, cómo somos al relacionarnos con el afuera: si somos realmente quien deseamos ser, si nuestra forma de ser está condicionada por lo que debe ser, y por otra parte, cómo somos al relacionarnos con nosotros mismos, es decir, me trato a mí mismo como trato a un ser amado?, con cariño, amor, tolerancia, paciencia y sin juzgamientos?.. o me trato como me enseñaron a tratarme?

Invertida:
En este caso, esta runa nos habla de situaciones obstruidas ya sea por alguien que persigue el mismo objetivo que nosotros o personas cercanas que están en desacuerdo con nuestra manera de actuar, en estos casos el consejo de esta runa es replantear cada acción para estar seguros ya que MANNAZ nos advierte que los roces estarán a la orden del día, buscar en las runas que rodean a MANNAZ en busca de consejos para cómo caminar de la manera menos conflictiva para todos en esta etapa, de ser runas de demora a menudo recomiendan que éste no es el momento para avances o insistir con nuevos proyectos o tendencias.

En cuestiones personales o de pareja, en ocasiones suele hacer referencia a que nuestras ideas son nuestro propio enemigo y no nos permiten ponernos realmente en el lugar del otro para comprender la situación; el egoísmo, el individualismo, la rigidez, la soberbia, suelen ser algunos de los síntomas. En estos casos es bueno sacar una runa adicional para asegurarnos de estar en lo cierto y que nos dé un consejo adicional para comprendernos en esta parte y así comprender al otro.

Reflexión de la runa:
Esta runa nos recuerda que el afuera es la consecuencia de cómo estamos por dentro y que cada creación en nuestro entorno es el producto de nuestra energía dual, la cual nos convierte en los gobernantes de nuestra vida. En lo cotidiano uno puede notar el fluir de dichas energías, *femenina* en el momento que sentimos que algo debe cambiar y creamos una idea de cómo, y *masculina* cuando tomamos esa idea planificando el cómo y llevándolo a cabo.

El cambio y el movimiento empiezan por dentro

¿Qué emociones están apagadas o descontroladas adentro para que mí afuera se vea de esta manera? ¿Qué cambios deseo gestar para armonizar mi afuera?

El camino a través de los stafr:
En el camino del practicante, luego de reconocerse como ser libre, ahora se encuentra en equilibrio y se integra en sociedad, de echo esta runa le enseña que al integrarse en esta sociedad, internamente debe mantenerse en su equilibrio propio, él debe aprender a coexistir en sociedad sin perder el balance que logró hasta ahora y sin olvidar las esencias de las runas anteriores que lo han ayudado a definirse, procesó que ha realizado metiéndose para adentro y ahora debe tratar de no perderlo al relacionarse con el afuera... Le revela el equilibrio entre el mundo interior y el exterior.

Galdr:

Mannaz mannaz mannaz

mmmmmaaannnn

mu ma mi me mo

mun man min men mon

um am im em om

mon men min man mun

mmmmmmaaaaannnnn

mmmmmmmmmm

Palabra clave:
Humanidad, integración, sociedad.

Letra en el alfabeto: "M"

Forma de la runa:
Esta runa muestra dos pilares, posiblemente femenino y masculinos, que juntos forman la base de la runa mostrando estabilidad y en el otro extremo dos transversales que forman la constante e infinita mezcla de estas energías, dando como resultado el "ser humano"

LAGUZ

La runa del "agua", ella es el conocimiento intuitivo, es la lluvia, el mar, el río, el lago, los estanques e incluso el oscuro océano.

Esta runa en la antigüedad se la veía presente en la naturaleza como un junco quebrado donde el agua de lluvia yacía estancada, y en aquellos tiempos las guías espirituales de la tribu la utilizaba para tener sus videncias. Por supuesto que la mayor asociación de LAGUZ son lagos, estanques, fuentes y mares, lo cual la conecta directamente con las emociones y la energía femenina haciéndola una gran runa de poder intuitivo.

Comportamiento en una lectura:

Derecha:

En posición de resultado esta runa nos marca que para obtener lo que deseamos, o la solución al problema que nos ocupa, debemos confiar en nuestra intuición y mantenernos alerta a lo que ella nos muestra.

Esta runa como consejo nos indica perseguir nuestras emociones y dejarnos llevar por nuestra intuición, ya que ella está reconociendo lo que nos hace bien.

Cuando está rodeada de runas negativas o de demora, nos dice que quizás estemos agobiados por un problema y nuestra intuición nos esté queriendo alertar de cómo salir de tal situación, pero nuestra lógica está interfiriendo con ella.

En ocasiones puede que haga referencia a que hemos puesto nuestras emociones en un objetivo razonable y si la lectura es netamente positiva habla de un gran periodo de disfrute.

Invertida:
En este sentido y a manera de consejo nos dice que hemos tomado un mal curso de acción o que estamos por hacerlo, y generalmente se da por situaciones en las que no escuchamos nuestra intuición con respecto a nuestras emociones.

Rodeada por runas invertidas habla de que lo mejor es tratar de apartarnos un poco de este camino o situación, ya que nuestra intuición nos está jugando malas pasadas quizás y de seguir igual solo nos traerá pesar.

De esta manera y unida a runas como ANSUZ invertida puede mostrar mentiras o malos consejos con respecto a las emociones.
La cautela debe estar en primera fila y aquellas cosas que nos parezcan engañosas, deberíamos alejarlas, aún más si aparece en la lectura PERTHOR invertida.

Reflexión de la runa:
Al ver el mar podemos comprender puntualmente lo que esta runa nos tiene para decir, lo primero que vemos son las olas chocando unas con otras y abalanzándose contra la orilla, pero en su interior las grandes corrientes del mar fluyen en armonía, de manera íntegra, por otra parte, ni el día más soleado nos permitirá ver la oscura profundidad del mar.

El mar y nuestras emociones son iguales:

A veces nos vemos confundidos y otras veces calmados como las olas, que son las emociones cotidianas que trae el día a día.

Por dentro nuestras emociones fluyen libres generando distintos estados de ánimo, como las corrientes de agua.

Por otra parte, en lo más profundo de nuestro ser se encuentran las emociones oscuras, y son oscuras no porque sean buenas o malas sino porque solo nosotros las vemos y elegimos cuando mostrarlas, ellas son nuestra profundidad del mar.

El camino a través de los stafr:
Laguz en el camino del practicante, lo enfrenta a sus emociones tanto de amor y alegría.. como a sus miedos y temores, es decir.. la luna lo

expone a su reflejo acuoso, a su manera de sentir, entregándole a su vez el saber del "fluir" al ritmo de las emociones, es decir, al ritmo de las fases lunares, así como de luna negra a luna llena hay un proceso y viceversa, en las emociones también, nacen de una necesidad de sentir (luna negra), le damos forma (luna creciente), luego las experimentamos (luna llena) y posteriormente rumiamos lo que hemos experimentado (decreciente).

Le otorga el saber del agua…

Galdr:

Laguz Laguz Laguz

llllllll

lu la li le lo
(lug lag lig leg log)

ul al il el ol

lo le li la lu

lllllaaaaaguuuuu

llllllll

Palabra clave:
Agua, intuición, emociones, videncia, fluir, presentimiento.

Letra en el alfabeto: "L"

Forma de la runa:
En la antigüedad esta runa era la manera de representar las olas del mar.

INGWAZ

La runa del "dios de la fertilidad Ing" para los germanos, es principalmente una runa positiva y carece de posición invertida.

La runa INGWAZ está muy emparentada con BERKANO ya que así como esta última marca el periodo en que termina el frío invierno dando paso a la etapa de cosecha, INGWAZ es el complemento de dicha etapa en cuanto a la reproducción de todos los animales y el fortalecimiento de las plantas que han comenzado a crecer. Es una runa muy vinculada a la creatividad sexual y el rito de seducción.

Comportamiento en una lectura:

Derecha o invertida:
Esta runa asociada al dios de la fertilidad solo en lecturas muy negativas llega a significar una conclusión negativa, de lo contrario siempre en posición de resultado es una conclusión positiva de cualquiera problema o situación, observando la runa que la precede podemos encontrar el consejo de cómo llegar a tal conclusión. INGWAZ generalmente con lecturas asociadas a los comienzos ya sean de trabajos, relaciones, amistades, siempre hace referencia que es algo positivo y que traerá grandes crecimientos a nuestro ser en el proceso de disfrute.

En cuanto a momentos particulares de la vida del consultante esta runa es la que marca que un periodo acaba de concluir, o que está a punto de hacerlo, para entrar en un nuevo mañana el cual recomienda recibirlo con festejo y alegría, ya que la suerte estará de nuestro lado.

INGWAZ siempre a manera de consejo habla de que la buena fortuna está allí para nosotros, depende de la energía con la que decidamos salir a la vida es qué tipo de energía justamente atraeremos a nuestras vida.

Reflexión de la runa:
La reflexión que nos trae, si bien esta runa representa fertilidad, es que no debemos olvidar que es acerca del amor y la capacidad de amar en nuestra vida, no solo a alguien más sino a uno mismo también.
¿Me trato a mí mismo con el mismo amor que trato a un ser amado?
¿Me dedico el mismo tiempo a hacerme feliz que a complacer a los demás?

El camino a través de los stafr:
Ingwaz en el camino del practicante le enseña a reconocer el balance armónico para poner su propio fuego en acción, comprende que durante el invierno gestó y perfeccionó su fuego internamente, ahora en el período siguiente es momento de sacarlo, ponerse en marcha y realizarse teniendo en cuenta lo que vivió con las runas anteriores, es decir, anteriormente con Laguz reconoció lo que siente y por ende lo que desea hacer para él, ahora con Ingwaz pondrá en marcha los motores hacia su propia manera de realizarse en la vida, es tiempo de darle la energía que falta a esa semilla que anteriormente planto. Le entrega el dominio de su propio fuego…

Galdr:

Ingwaz Ingwaz Ingwaz

iiiiinnnnngggggg

ung ang ing eng ong

ong eng ing ang ung

iiiiinnnnngggggg

Palabra clave:
Fertilidad, amor, fuerza procreadora, linaje.

Letra en el alfabeto: “NG”

Forma de la runa:
En la antigüedad esta runa se la dibujaba con una forma de rombo y ambas maneras podrían representar un escudo de un linaje familiar o descendencia de alguna casta.

DHAGAZ

Esta runa representa "la luz del día" que al aparecer disipaba la oscuridad y con ella los horrores que la mente crea.

Para las culturas germanas el día no comenzaba con la salida del sol, ya que debe haber oscuridad en un principio para que aparezca la luz del día nuevo con las nuevas oportunidades.

Comportamiento en una lectura:

Derecha o invertida:
Esta runa que carece de posición invertida está asociada al crecimiento y el desarrollo progresivo, ya que el sol sale todos los días y su luz siempre nos alcanza, es por esto que carece de aspecto negativo en una lectura, por más negativa que sea siempre se puede, ya que es la luz que siempre está disponible para nosotros y nosotros como seres siempre estamos allí para recibirla.

En general este desarrollo que marca esta runa es gradual, a diario y constante…sin pausa, así que en cuestiones de trabajo, emprendimientos, o asensos, nos aconseja ser pacientes y tener confianza en que nuestros esfuerzos traerán sus frutos.

En ocasiones y a manera de consulta, como única runa, suele querer mostrarnos que hay una idea en nosotros que se está gestando con respecto a una manera de vivir, y en alusión a esta idea que puede ser tan radical, que la estemos ignorando por ello, DHAGAZ nos está marcando con su luz que esa idea puede ser más que un simple pensamiento, con ella puede venir una mejor vida…

Reflexión de la runa:
El día comienza en la oscuridad…

En la oscuridad se generan los temores, miedos y fantasmas mentales que nos perturban.

Luego aparece la claridad del sol…

En la luz logramos ver cuál de ellos es real y cual una ilusión de nuestra mente, la verdad.

¿Que nos genera temor en este momento? ¿Cuánto de verdad y realidad hay en ese temor?

El camino a través de los stafr:
Dagaz en el camino del practicante marca el momento en que reconoce la luz y su luz, reconoce de donde viene y donde terminara su camino, pero fundamentalmente entiende que él vive y se realiza en el periodo de luz, en el presente, el cual es el único plano donde él puede actuar, "donde él es" por esta razón se la llama la runa del día a día, ya que el practicante comprende su importancia. Le otorga la claridad…

Galdr

Dagaz Dagaz Dagaz

dhdhdhdhdhdhdhdhdh

daaaaaaaaaazzzzz

du da di de do

dh dh dh dh dh

odh edh idh adh udh

od ed id ad ud

daaaaaaaaazzzz

Palabra clave:
Luz del día, nacimiento, refortalecerse, oportunidad, claridad.

Letra en el alfabeto: "D"

Forma de la runa:
Esta runa data de una época anterior al neolítico siendo asociada a la luz del sol y su culto.

OTHALA

La runa de "las tierras" en el sentido de herencia, es la tierra que de generación en generación a pertenecido a una familia o clan.

Esta runa representa la tierra trabajada y de siembra, donde una familia la ha trabajado por generaciones dejándola como legado, por ende es una runa que hace referencia a la línea familiar, los rasgos heredados, la tierra heredada.

Comportamiento en una lectura:

Derecha:
Esta runa representa posesiones y herencias, pero en cuestiones personales y familiares hace referencia a los rasgos heredados y más precisamente a una idea que inconscientemente arrastramos o una manera de ver la vida, lo cual en ocasiones puede darnos buenos resultados pero en otros nos limita un poco a disfrutar de lo nuevo.

En lecturas netamente positivas y referentes a complicaciones económicas, esta runa hace referencia a que la ayuda llegara y tendremos lo necesario, de acuerdo a las runas cercanas a OTHALA podemos ver de quien vendrá tal ayuda y de qué manera, de aparecer runas como BERKANO será la familia, si es ANSUZ puede que sea un amigo cercano.

Como consejo esta runa nos invita a visitar al ser más anciano de la familia o a esa persona que apreciamos como un abuelo, y disfrutemos de una charla escuchando su manera de pensar, de ver la vida y su manera de solucionar las complicaciones que le ha dado el largo camino que ha recorrido, y quizás sin querer, algo de todo aquello traiga una solución a lo que hoy nos perturba o nos hace sentir un tanto dudosos.

Esta runa aparece en algunos casos para anunciar que estamos cercanos a obtener una herencia de algún tipo ya que en la antigüedad esta runa hacía referencia a la tierra que poseía un clan familiar.

Invertida:
De esta manera OTHALA pasa a tomar un lugar de demoras, que en la problemática actual del consultante se podrá ver representado en un estancamiento, pero esta runa advierte que de seguir queriendo hacer girar la rueda a la fuerza, cuando deberíamos respetar los tiempos, la situación se volverá realmente irreversible.

Si aparece de esta manera en una posición de consejo, nos está diciendo que debemos ser pacientes, dedicados y concentrarnos en el hacer en vez del resultado, lo cual nos permitirá obtener el éxito en lo que hoy nos aqueja.

Esta runa en ciertas ocasiones con respecto a una independencia que se ha obtenido de manera forzada, nos dice que podremos salir adelante.. pero que tengamos en cuenta que los problemas que se avecinen, no podremos solucionarlos con dinero y no habrá ayuda de nadie, generalmente en estos casos son las emociones y los juicios quienes pasaran factura, lo cual OTHALA aconseja un nuevo orden de juicios y dedicarnos tiempo a entender a nuestro corazón, como el tiempo que le dedicamos a obtener el alimento para nuestro cuerpo.

En cuestiones que hagan referencia a la legalidad y el sistema, aconseja que abortemos la insistencia ya que será algo muy difícil y posiblemente se vuelva en contra nuestra trayendo pesar, lo mejor en este aspecto es no insistir mientras dure el periodo de la lectura.

Reflexión de la runa:
Esta runa nos lleva a recordar nuestro origen, la tierra en donde nacimos, la cual siempre tiene algo que la hace especial, y por más bueno o malo que nos parezca, es necesario aceptarla tal cual fue, para poder solidificar el presenté y mirar hacia el mañana…

Recuerda que aceptar no es condicionarse...
Tenemos la suerte de poder reconocer, aceptar y seguir adelante como somos, haciendo nuestra voluntad sin dañar...

El camino a través de los stafr:
En este camino Othala se presenta como el final y nuevo principio, después de que vivencia todas las runas, ha adquirido la sabiduría, comprendido su mundo y ahora deja de viajar para establecerse, esta runa le enseña a delimitar su espacio dentro de los limites universales que ha aprendido a aceptar de la naturaleza, reconoce y respeta su origen, el camino realizado y el nuevo comienzo en la nueva tierra elegida.

Le otorga la fuerza del linaje, el cual en ocasiones trasciende la sangre y se remota a una vida pasada quizás…

Galdr

Othala Othala Othala

oooooooooo

othul othal othil othel othol

othol othel othil othal othul

ooooo

Palabra clave:
Linaje, herencia, patria, tierra de origen.

Letra en el alfabeto: "O"

Forma de la runa:
Su forma puede que haga referencia a la manera de armar los vallados que dividían las tierras de cada familia.

Capitulo III

Comenzando las lecturas

Las primeras prácticas

En las primeras lecturas rúnicas uno se comporta un poco como niño a punto de comenzar un juego, y esto es lo mejor mientras no se pierda el respeto que el oráculo se merece.
Por lo general nos mueve esa curiosidad tan particular de lo desconocido, nos ponemos a prueba a nosotros mismos a ver si podemos lograr conectarnos con ese algo que para entonces no logramos definir, ni terminar de comprender, nos genera cierto temor y a su vez es nuestro instinto e intuición lo que nos invita a avanzar…
Antes de seguir, es imperativo que sepamos disociar los signos de los símbolos.

Como dijo Jung, "el signo denota un objeto especifico o una idea que puede ser traducida en palabras. Por otra parte, el símbolo no puede ser presentado de otra manera y su significado trasciende lo meramente dibujado".

Las runas son símbolos y como tales no podremos determinar concretamente un único significado, es decir, sabemos distinguir qué simboliza cada runa en una lectura pero como lectores somos un canal en el que nuestra intuición pasa a ser un simple y humilde guía que interpreta la lectura. Podemos decir entonces que la unión de simbolismo e intuición dan como resultado una magia pura y simple en la lectura. Ahora bien, debemos tener en claro que cada lector tendrá una perspectiva distinta quizás sobre una misma lectura y eso se debe a que cada uno es en esencia único.
Antes de meternos de lleno en los distintos tipos de lectura es apropiado aclarar que con el paso del tiempo la manera de interpretar ha ido cambiando, en la antigüedad las runas eran grabadas en varillas de madera y las arrojaban al suelo e interpretaban los susurros de los símbolos.

Con el pasar del tiempo y más precisamente con la influencia del tarot en el mundo mágico, la manera de interpretación dio un gran giro, por ejemplo: antes se interpretaba la energía del símbolo y hoy en día la energía del símbolo se la interpreta de una manera derecha y de otra si se presenta invertida.
De todas formas con respecto a esto último soy de creer que si se logra una buena comprensión del simbolismo rúnico, no importa el método sino el resultado, claro que mientras no se pierda el respeto a estos nobles y sabios pueblos que nos legaron tales símbolos.

Ritual de lectura

Recordemos que antes de realizar una lectura, haremos un pequeño rito mostrando nuestro respeto al oráculo y para que nos ayude a entrar en materia dejando atrás nuestros pensamientos y juicios personales.

En primer lugar debemos colocar el paño y dentro de lo posible seria que cada lado del paño quede en un punto cardinal para que nosotros como lectores nos ubiquemos en el norte, ya que representa el elemento aire que es la sabiduría, la cual por medio de las runas tramitaremos.

En segundo lugar nos tomaremos unos segundos frente al oráculo para concentrarnos, una buena manera podría ser haciendo tres respiraciones consientes, fluidas, sin esforzarlas, para relajar la mente y alejar cualquier pensamiento que pretenda venir a distraernos.

Luego de esta mini relajación, podemos pronunciar para adentro una frase como ***"A los cuatro elementos y a la madre naturaleza les pido que traigan el mensaje que debo interpretar para hacer mi voluntad si dañar"*** y posteriormente nos disponemos a hacer la lectura.

Al finalizar y sin más que consultar, juntamos las runas en la bolsa y podemos mencionar una frase hacia adentro como ***"Madre naturaleza agradezco tus mensajes y consejos, con los cuales daré uso para alumbrar y no para deslumbrar"***

En una lectura…

En una lectura el practicante utiliza ambas polaridades (hemisferios) para llegar a la interpretación, si bien el canal es intuitivo también es de suma importancia adiestrar el lado lógico.

El lado intuitivo, se mueve por el campo sutil y fluido, al cual se lo alimenta con la confianza, reconociendo su importancia y su sutil presencia en cada momento de la vida. Por otra parte el lado lógico, hoy en día erróneamente es la parte que más utilizamos y que normalmente nos gobierna, el cual en estas prácticas debe ser aminorado en su marcha, la mejor manera es dándole un rol practico al cual nuestra lógica pueda apegarse sin entorpecer a la intuición. Es decir, hacer que la lógica solo se limite a mantener latente durante la lectura la pregunta que se ha formulado (punto de partida) y durante está nos recuerde la forma o formato de lectura elegido (el mapa), el resto es netamente obrado por nuestro lado intuitivo.
Si bien hay que tener en claro el orden y el formato de lectura que usaremos para determinadas situaciones o momentos, hay tres cosas que suelen pasar por alto los practicantes y que son de extrema y vital importancia; lo que se busca de una lectura y la pregunta que están formulando, la comprensión del tiempo mágico, y la interpretación de la sabiduría evolutiva que muestra una lectura.
A continuación hablaremos un poco acerca de estos tres puntos y su importancia en las lecturas.

¿Qué estás buscando de una lectura?

Es importante tener en claro que buscar soluciones en una lectura es condicionarse de manera errónea y rígida. Digo esto porque si uno busca una solución a un problema o que las lecturas den una respuesta, ellas nos responderán ya que como oráculo nos permitirá verlo, pero caminar de esta forma seria condicionar nuestra manera de proyectarnos, limitamos nuestro foco a la interpretación de la lectura y lo tomamos como definitivo, lo cual es erróneo porque todo cambia nada está quieto y mucho menos el futuro, por ende lo mejor a la hora de hacer una lectura es centrarnos en el presente.

Si sabemos que nuestro futuro es una simple consecuencia de nuestra realización en el presente, que vivimos en el aquí y ahora, es decir, no podemos vivir de las proyecciones para el futuro, ni tampoco podemos vivir de nuestra historia pasada. Sería poco coherente buscar en una lectura soluciones prácticas e intelectualizar las respuestas.

Dejando en claro esto y teniendo en cuenta que como practicantes de la magia, el camino en la vida es evolutivo, cíclico y repleto de aprendizajes que aparecen en el momento adecuado y que las cosas que ocurren en este camino por algo ocurren. Es resultantemente importante que busquemos algo más en cada lectura que nos hacemos y le demos la debida importancia. Acercando más nuestras preguntas a lo que debemos aceptar de la situación presente, lo que debemos reconocer de ella y por qué se presenta ahora, qué aprendizaje traerá esta situación, qué cualidades de mi debo reforzar en esta etapa y qué cualidad que poseo puede ser un aporte en este aprendizaje, es decir, tener en claro de cada lectura porque recurrimos a ella y sabiendo que nuestras dudas o conflictos tienen un aprendizaje personal de trasfondo, el cual podemos elegir evadirlo pero volverá a aparecer en otro memento con otra cara y aún más latente.

Los oráculos son toda la sabiduría puesta a nuestra disposición, cuanta más capacidad de aceptación, apertura, receptividad, sinceridad e intuición, más podremos ver y aprender de ellos. Al igual que cuanto más rígidos y cerrados estemos, menos podremos ver a través de ellos.

La pregunta

Fuera del formato de lectura que usemos, si es que usamos alguno, ya que muchos leen de manera no lineal, es sumamente recomendable para el practicante que las preguntas que formule a su oráculo las escriba en su cuaderno de lecturas, libro de sombras o simplemente en un papel, ya que la pregunta representa el punto y el eje en una lectura, es el punto de partida de la interpretación que vamos a hacer, al escribirla estamos haciendo concreta y tangible la pregunta, al igual que detenernos un momento a la hora de formular y buscar las palabras adecuadas para nuestra consulta inconscientemente estamos definiendo y localizando el verdadero punto que nos aqueja de la situación en sí.

De no tener del todo clara la pregunta o al formularla en el aire, estamos dejado borroso nuestro punto de partida y es difícil llegar alguna parte si no tenemos en claro donde estamos.

El tiempo

Normalmente el practicante cuando se encuentra en un apuro recurre al oráculo sin tener en cuenta las condiciones astrológicas y naturales de su presente, a continuación hablaremos un poco acerca del tiempo mágico de manera introductoria y tratando de despertar la curiosidad del practicante invitándolo a adentrarse en estos campos de manera más profunda.

El ciclo natural: este es el tiempo natural, es importante tener muy en cuenta en todo momento qué etapa de la rueda del año está transcurriendo el practicante, más a la hora de hacer una lectura. Cada etapa del año tiene un elemento puntual que lo rige y que nos rigen, el cual podemos notar en la conducta de cada estación.

Otoño: tierra, periodo de entrega, dejar ir, periodo en que nos preparamos para la entrada a la época más oscura del año.

Invierno: Aire, periodo de introspección, planificación y reordenamiento, época de estudio, perfeccionamiento y quietud.

Primavera: Fuego, periodo de acción y cosecha, momento de realización y nacimientos, puesta en marcha y labor cotidiana.

Verano: Agua, periodo de concreción y disfrute, recolectar los frutos de nuestro esfuerzo, periodo de abundancia en todos los sentidos, reconocimiento de quienes somos y lo que hacemos, plenitud.

El tiempo lunar: así como estos pueblos se regían por el calendario lunar, el practicante como lector también es bueno que sea consciente y se aplique en el arte oracular de la misma manera.

Luna creciente: la energía que brinda la luna es de nacimiento, asociada a los comienzos, los nuevos proyectos, las nuevas ideas, etc.

Luna llena: la energía de hacer en concreto, en este período está más latente que nunca la realización y la puesta en práctica.

Luna Menguante: la energía de esta luna es la de soltar y el dejar ir, en esta fase la luna está disminuyendo su intensidad de a poco.

Luna oscura: la energía de esta fase lunar es de introspección, es una etapa reflexiva y meditativa.

Es importante también tener en cuenta astrológicamente qué planetas están afectando nuestro presente, ya que en ocasiones los conflictos que tenemos pueden estar asociados a que estamos pasando por alguna cuadratura en particular.

Sabiduría evolutiva en las lecturas

Así como a la hora de aprender, cada oráculo nos presenta uno a uno sus diferentes tipos de energías arquetípicas y nos enriquece con su sabiduría, en una lectura también es importante tener en cuenta este aspecto, por ejemplo, normalmente el practicante ve lo que aparece en el presente o situación actual solo como lo que está ocurriendo o lo que está padeciendo, pero en este caso está olvidando que muestra a su vez en qué etapa se encuentra, qué aprendizaje le está trayendo la vida en el presente, al recordar qué evolución propone esta energía arquetípica del oráculo, qué situación del camino de la vida es para ese héroe o caminante en su recorrido arquetípico, cuál fue la energía que dejo anteriormente (qué etapa pasó) y hacia cual se está moviendo, qué ángulo del ser está en juego y qué sabiduría le traerá.
Esta parte es importante a tener en cuenta, ya que en ocasiones el practicante se encuentra en situaciones problemáticas o complicadas similares a las anteriores, y esto generalmente ocurre porque algo de esa situación hay que aprender (desde poner límites, el no evadirse a uno mismo, etc.), los oráculos son una herramienta de auto-conocimiento y por medio de su sabiduría arquetípica nos permite ver y reconocer con claridad esta clase de cosas para evolucionar, haciendo que no volvamos a pasar por estas experiencias de una manera temerosa o dolorosa, si es que vuelve a aparecer una situación similar.

Por esto último es tan importante buscar consejos en el oráculo, los cuales no son dictámenes, ya que si tomamos los consejos como si fuera "lo que debo hacer o cómo debo hacer" estaríamos nuevamente repitiendo el patrón, y el conflicto volverá a aparecer con otra cara, es decir, estamos acatando algo para solucionar, y la lección o sabiduría, por así decirlo, no la estamos aprendiendo sino que la estamos evadiendo y resolviendo como un ser mecánico, por ende los consejos, si bien siempre traen una reflexión, o una frase puntual que nos dispara la intuición, también es importante verlos de cierta forma como arquetipo mentor o compañero sobre la situación que se pregunta, es posible incluso que hasta puede que sea un arquetipo que está en nosotros y que no siempre solemos verlo o definirlo, pero que tiene una sabiduría para tal situación.

Prácticas y modelos de lecturas

A continuación se presenta una selección de distintos formatos de lectura buscando brindarle al practicante una variedad completa de modelos que le permitan explorar cualquier tema o situación, al igual que varios modelos que le permitirán reconocerse, comprenderse y encontrarse desde distintas áreas internas. Algunos de estos formatos son propios y fueron creados con el fin de guiar al consultante en su búsqueda de las respuestas, otros son formatos que han sido trasmitidos desde antaño y que no podríamos definir exactamente que bruja o brujo los creo, al igual que en esta parte no se excluyen los formatos alguna vez creados a raíz de otras creencias, los cuales si bien no tienen un origen antiguo en la tradición oracular están basados en creencias o filosofías antiguas que pueden enriquecernos, y seria poco conveniente para nuestro crecimiento personal ignorar estos formatos sin antes habernos dado la oportunidad de experimentarlos.

Formatos de lecturas Tradicionales

Lectura de una runa

Para leer las runas lo mejor es comenzar por *la runa única* que nos permite hacer una lectura rápida del presente, en este tipo de lecturas no es necesario hacer un rito previo, ya que buscamos tan solo un consejo o reflexión acerca de una situación inmediata o usándola simplemente como comienzo del día, a manera de ¿qué aprendizaje traerá el día? o ¿en qué debo estar atento?, tengamos en cuenta que es una lectura a manera de reflexión así que no importa si sale del derecho o del revés porque lo que debe importarnos es la filosofía que trae esa runa a nuestra vida y en este momento, se trata de una lectura rápida y simple, fundamentalmente para cuando no disponemos de mucho tiempo.

1

Lectura de tres runas

Avanzando un poco más, tenemos la *lectura de las tres runas* que generalmente se utiliza para preguntar algo específico que nos aqueja y generalmente como una doble lectura; se trata de sacar tres runas al azar y colocarlas en fila, sin ver como las acomodamos y revelarlas simultáneamente, luego de haber observado las runas interpretaremos en primer lugar, si son todas runas por demás del derecho, la respuesta es positiva, y si las runas son invertidas o de demora la respuesta es negativa en este momento, pero por otro lado debemos hacer la interpretación de cada runa en busca de los porque si o porque no todavía.

La primer runa nos marcará cómo venimos con respecto al tema, la segunda runa nos mostrará una mirada del presente inmediato y la problemática que nos aqueja, en la tercer runa, que en este caso ocupa el lugar de resultado, nos marca cómo se verá el mañana de seguir esta corriente de acción, y nos traerá con ella un consejo acerca de la tendencia que estamos persiguiendo, no olvidemos que las runas se hablan entre si y de no quedarnos algo del todo claro, podemos sacar una runa adicional para despejar tal duda, la cual no olviden que tendrá referencia con las anteriores.

Lectura de cinco runas

La *lectura de cinco runas* es similar a la anterior pero un poco más completa en cuanto a que nos permite indagar un poco más profundo en el tema que nos preocupa, y generalmente se utiliza para cuestiones específicas de situaciones que nos tocan vivir, se trata de sacar cinco runas de la misma manera que la anterior, sin verlas y ubicándolas como podemos ver en el dibujo, revelándolas de manera simultánea.

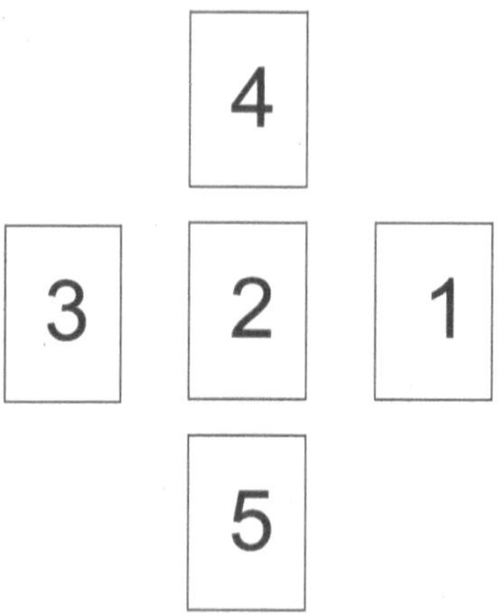

En el caso de la primera runa nos muestra cómo estaba la situación en el pasado o cómo tomábamos antes el tema en sí, la segunda runa nos muestra la situación del hoy, en ocasiones esta runa se hablará con la primera revelando un patrón o tendencia que no siempre tenemos en claro, pero que es bueno evaluar y meditar, ya que por algo lo vemos, la runa siguiente a leer es la número cuatro ya que es la mensajera que nos trae un consejo y/o apoyo para poder resolver o sobrellevar el tema de mejor manera, sin dañar a otros y sin salir perjudicados, luego nos disponemos a interpretar la runa número cinco que toma el lugar de aquello que no podemos cambiar, que o bien debemos aceptar que es de esa manera, o en ocasiones con situaciones específicas representa lo que debemos dejar ir, por último la runa número tres que representa el resultado, es decir, que de seguir obrando de esta manera, con cierta idea de qué resultado obtendremos y qué consejo nos dan acerca de este tema.

No olviden que las cinco se hablan entre si y que es probable que puedan verse otros mensajes o que nos mostraran quizás otras perspectivas, cosas que no teníamos en cuenta o simplemente afirmaciones de la lectura.

Lectura de siete
Esta lectura con el paso del tiempo ha sufrido leves variaciones en cuanto a que sentido y orden se le da, pero la finalidad de la lectura siempre fue la misma, y los practicantes que le hicieron sus variaciones, uno puede ver que fue en busca de perfeccionarla tratando de obtener respuestas más claras.
Este modelo se lo utiliza para un tema o problemática en si más que para una pregunta, es por esto que suele ser muy usado ya que en algunas ocasiones el tema es muy grande o complejo como para encerrarlo en una pregunta.

1 2 3 4 5 6

7

Las número 1 y 2, se las interpreta juntas y representan el tema en sí, la problemática tal cual es, cómo se encuentra el problema fuera de como nosotros podamos verlo, ya que nuestra visión del problema en si puede estar distorsionada por nuestra mente, es decir, la mente cuando no se encuentra aquietada comienza a generar grandes monstruos inexistentes en los problemas y éstas serán las que afirmen o desmienta qué tanto de cierto y conflictivo hay en el tema o situación que estamos consultando.

Las número 3 y 4, se las interpreta juntas y representa el pasado o raíz del tema, va a mostrarnos de donde viene y bajo qué circunstancia se da, lo cual resulta muy útil cuando el tema es algo que nos está aquejando y está prolongándose, ya que probablemente estemos tan inmersos en el conflicto que hayamos olvidado de donde viene y si no tenemos claro el punto de partida difícilmente lleguemos a una resolución favorable.

Las 5 y 6, se interpretan juntas y representan el consejo o lo que tienen para decir al respecto del tema en sí, en esta parte es importante que tengamos muy en cuenta que de aparecer invertidas, en ocasiones puede que hagan alusión a advertencias o nos muestren qué parte es la desequilibrada y por lo que se da el conflicto, además no olvidemos que cada una en su lado invertido también tiene una sabiduría para entregarnos.

La número 7, representa la posible conclusión o resolución del tema, se elige tomarla como posible y no de manera determínate como conclusión definitiva, porque el futuro está en continuo cambio y condicionado por nuestros actos en el presente, por ende es correcto decir que de seguir actuando como venimos ese será el resultado, ahora bien al ser conscientes de lo que nos han dicho las anteriores, podemos cambiar o re-direccionar nuestro futuro llegando a una conclusión más armónica todavía.

Formatos de lectura propios

Los formatos de lectura que se presentan a continuación son de creación propia, y nacen de la necesidad interna de comprenderse a uno mismo, de poder desmenuzar situaciones y momentos para poder reconocer el verdadero foco de conflicto interno que producen sentimientos o emociones densas. Por esta razón cada uno de estos formatos se centra en el plano del presente, que es el único plano donde podemos comprendernos y realizarnos.

Lectura en estrella

La *lectura en estrella* nos permite ver con claridad cómo nos encontramos en el presente con una perspectiva diferente, ya que nuestra mente por lo general influye en nuestra manera de ver la realidad nublando la verdad de nuestra situación, y nos da algunos consejos para como sobrellevar nuestra situación actual.

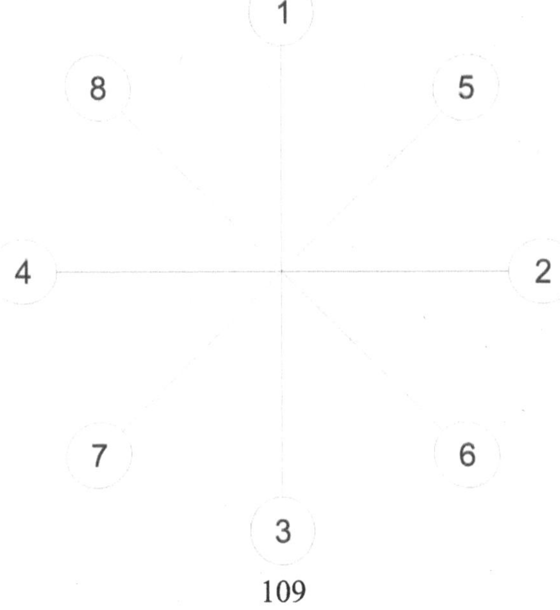

La *número 1* representa el elemento aire y va a estar asociada a como se encuentran nuestros pensamientos y proyecciones.

La *número 2* representa al elemento fuego y va a estar asociada a nuestra creatividad y acción.

La *número 3* representa el elemento agua y por ende directamente nuestra situación emocional con nosotros mismos.

La *número 4* representa el elemento tierra, lo asociaremos a como están nuestras bases, el plano material y físico.

Posterior a la reflexión que pueda traer esta parte de nosotros, procedemos a leer las siguientes cuatro.

La *número 5* se encuentra entre los elementos fuego y aire, representa las ideas creativas que nuestra mente trae para solucionar una situación y que no siempre solemos escuchar, el consejo de esta runa nos ayudara a cómo hacer realidad estas ideas.

La *número 6* se encuentra entre los elementos agua y fuego, que representa si realmente lo que estamos haciendo es lo que sentimos y dicta nuestro corazón, el consejo de esta runa nos ayuda a comprender más las intenciones de nuestro corazón con respecto a la situación actual.

La *número 7* que se encuentra entre los elementos tierra y agua, va a hacer referencia a cómo nos sentimos con respecto a lo que tenemos y lo que nos rodea en nuestra vida, además del consejo a interpretar sobre esta comunión.

La *número 8* que se encuentra entre los elementos aire y tierra, va a develar si las proyecciones mentales que pensamos son lo que verdaderamente está ocurriendo en nuestra vida, además esta runa traerá su propio consejo a interpretar acerca de esta comunión de elementos.

A manera de reflexión final de esta lectura puede ser muy útil y curiosamente apropiado, observar cuales han quedado enfrentadas (la numero 1 con la 3, y así con las demás) siempre algún otro mensaje podemos encontrar para reafirmar, terminar de comprender o aportar algo más a la lectura.

Lectura triangular o pirámide

La *lectura triangular* es una herramienta que nos permite tener una visión general y abarcadora del pasado, situación actual, proyección mental y manera de diseccionarse al futuro del consultante.

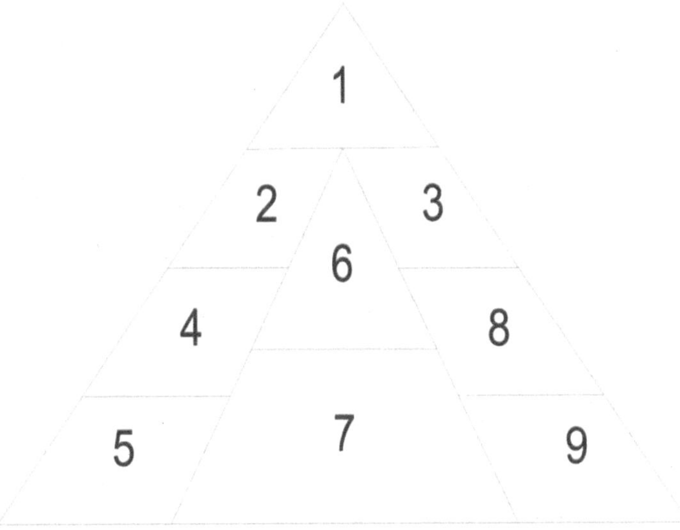

La *número 1* muestra la manera de pensar, preocupación y visión actual del consultante y va a ser la energía que gobierne la lectura, estando íntimamente relacionadas con las ubicadas en el *número 6 y 7*.

La *número 6* representa como la persona está actuando en su presente y si bien su acción está relacionada con lo que piensa (*número 1*), no siempre la mente y el cuerpo van en la misma dirección, así que la *número 7* es la que nos mostrará la situación actual concreta, la energía que actúa en el presente de la persona independientemente de lo que piensa y hace.

Por otra parte la *número 2* representa la forma de ver el pasado del consultante, qué es lo que piensa de lo que ha vivido y estará ligada a las *número 4 y 5*.

La *número 4* representa su manera de actuar en el pasado y la *número 5* representa las cosas que no han sido resueltas del pasado y que quizás influyan en la problemática del hoy del consultante.

Por último la *número 3* representa su visión y proyección futura, cómo el consultante se ve a sí mismo en el futuro, y por otra parte la *número 8* nos muestra un posible resultado de las acciones del consultante si sigue obrando de la misma manera, ahora bien la *número 9* a manera de consejo mostrara qué energía debe tener en cuenta el consultante con respecto a su proyección futura y al esfuerzo que está realizando.

Lectura del cambio

La *lectura del cambio* es muy útil en situaciones en las que estamos a punto de dar un gran paso con algo que deseamos hace tiempo o que venimos planificando, es una lectura simple pero de la cual podemos obtener buenos consejos acerca de cómo obtener el cambio deseado.

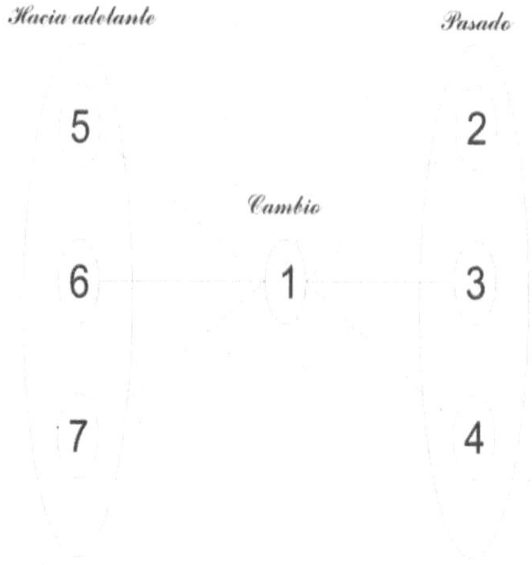

Hacia adelante   Pasado

5   2

Cambio

6   1   3

7   4

La *número 1* es la que gobierna la lectura y está ubicada en el centro porque es la energía del eje del cambio, es decir, para poder dar este paso la energía que gobierne este movimiento y etapa, sería bueno que fuera ésta.

La línea de la derecha representa al pasado, es decir, lo que deseamos cambiar en nuestra vida, así que la *número 2* va a representar lo que podemos rescatar de lo viejo, ya que no siempre todo suele ser malo lo que uno deja atrás, siempre hay algo que puede o merece ser salvado.

La *número 3* representa el aprendizaje de lo vivido, ya que de cada etapa vivida algo se rescata como experiencia y no siempre solemos verla realmente, ya que en ocasiones las emociones vividas nublan el reconocimiento de la verdadera riqueza experimentada, nos mostrará esa riqueza de manera imparcial y concreta.

La *número 4* representa lo que debemos dejar ir y que no podemos cambiar, a menudo cuando damos un cambio solemos querer hacerlo pero no estamos dispuestos a aceptar que algo debe morir, y esta idea nos retiene a lo viejo, ésta representa tales cosas y nos recuerda que para que algo nuevo nazca anteriormente algo debe haber muerto.
La línea de la izquierda representa hacia dónde vamos y la energía que debemos tener en cuenta para este nuevo camino.

La *número 5* representa cómo proyectar, es decir, teniendo en cuenta la energía del cambio y el pasado, nos indica qué energía mental sería la apropiada con respecto a lo que deseamos crear de nuevo en nuestra vida.

La *número 6* representa qué debemos tener en cuenta para lograr el paso como nosotros deseamos, sin terminar perjudicados y sin dañar a los demás, esta energía nos brinda la mejor manera de acción para alcanzar nuestro deseo.

Por último, la *número 7* representa el consejo sabio del el oráculo hacia nosotros en este momento tan particular, es la reflexión sobre la situación que estamos viviendo y el paso que estamos dando.

Como pueden ver es una lectura simple pero a la vez muy útil, y si nos tomamos el tiempo para reflexionarla bien, quitando nuestro juicio y prejuicio, puede darnos una gran ayuda, ya que cuando más meditado y rumiado se da un cambio, más firme y mejor nos sentimos con su resultado después.

Lectura en columnas

El sistema de lectura de columnas es tradicionalmente del taroth, pero aquí tenemos una adaptación muy buena para Runas y está demostrado que realmente los resultados son muy buenos. Se trata de un modelo variable de acuerdo a la necesidad del consultante.

	Fuego	Agua	Aire	Tierra
Plano Personal	1	2	3	4
Familia	5	6	7	8
Trabajo	9	10	11	12
Otros	13	14	15	16

Como se puede ver se van interpretando distintos ángulos de la vida del consultante, observando cada aspecto de dicho ángulo, es decir: En el "plano personal" van a hablarnos cómo se encuentra la número 1, 2, 3, y 4, cada una de ellas desde el elemento que les hemos asignado, la número 1 (elemento fuego) nos mostrará qué está haciendo por y para él mismo, la número 2 (elemento agua) nos dirá cómo se encuentra emocionalmente con sigo mismo, la número 3 (elemento aire) nos mostrará cómo están sus pensamientos con respecto a su vida y proyecciones personales, la número 4 (elemento tierra) nos muestra cómo se encuentra con respecto a lo que tiene y ha concretado para él.

La "familia" nos la van a mostrar las número 5, 6, 7 y 8, cada una de ellas también determinadas por el elemento correspondiente, la número 5 (elemento fuego) nos dirá cómo se desenvuelve en el ambiente familiar, la número 6 (elemento agua) nos va a mostrar qué siente por su familia, la número 7 (elemento aire) nos mostrará qué es lo que piensa de ella, la número 8 (elemento tierra) nos dirá cómo está su relación con la misma.

El "trabajo" nos lo van a mostrar las número 9, 10,11 y 12, cada una de ellas también determinadas por el elemento correspondiente, la número 9 (elemento fuego) nos dirá cómo se desenvuelve en esta parte de su vida, la número 10 (elemento agua) nos va a mostrar si realmente disfruta lo que hace, la número 11 (elemento aire) nos mostrará qué es lo que piensa de su actividad, la número 12 (elemento tierra) nos muestra si está conforme y a gusto con el trabajo que tiene.

En el caso de la fila "Otros" es porque uno puede preguntarle por cualquier ángulo que el consultante desee, es decir, "pareja", "amistades", "proyecto", etc. Solo debemos tener en claro antes de hacer la lectura, qué ángulo le daremos a cada fila.

En este caso las columnas se utilizan con los 4 elementos porque brinda un plano íntegro y bastante sólido, sin dejar nada afuera, como quien diría, pero también de otra manera seria dándole: pasado – presente – futuro – consejo

El formato de columnas es muy versátil, útil y nos permite experimentarlo de diversas maneras, lo único que hay que recordar es tener claro el formato y el valor que le daremos a cada fila y columna antes de hacer la lectura.

Lectura del reconocimiento

Esta lectura le permite al practicante reconocer cómo está fluyendo su energía en los 3 grandes campos (cuerpo, mente, espíritu), con respecto al afuera e internamente.

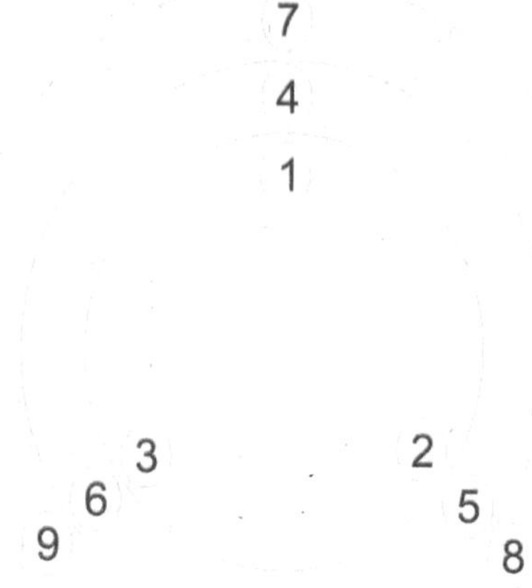

Las número 1, 4 y 7 son las asociadas al espíritu.

La número 4 representa como está fluyendo nuestro espíritu, de qué forma y bajo qué energía se está rigiendo.

La número 1 representa la energía espiritual hacia adentro, como nos enriquecemos y autoabastecemos en este ángulo, qué atención le damos al Yo espiritual y cómo se siente.

La número 7 representa la energía espiritual hacia el afuera, cómo se expresa en nuestra vida, cómo se realiza y cómo nos sentimos al hacerlo.

Las número 2, 5 y 8 son las asociadas a la mente.

La número 5 representa la corriente de la energía mental, cómo se encuentra, qué importancia tiene en nosotros y cómo se mueve.

La número 2 representa qué pensamos de nosotros mismos, como son nuestras ideas para con nosotros y cuál es su aporte.

La número 8 representa cómo se mueven nuestros pensamientos en el afuera, cómo nos compartimos y qué pensamientos nuestra mente escucha del afuera.

Las número 3, 6 y 9 son las asociadas al cuerpo.

La número 6 representa nuestro ser en el plano concreto, tangible y mundano, cómo se encuentra y qué energía lo rige.

La número 3, representa que atención nos damos, cuanto nos valoramos y de qué manera nos reconocemos a nosotros mismos.

La número 9, representa cómo nos relacionamos con el afuera, de qué manera y qué importancia le doy al afuera con respecto a cómo me realizo mundanamente.

Esta lectura si bien es rápida y no tan profunda, nos invita a reflexionar en un sentido tríadico, esencial, y puede que rebele cosas que con los otros formatos no hemos visto o se nos han pasado por alto.

Lectura de identidad

Esta lectura nos permite tener una mejor idea de aquellas personas con las que nos relacionamos, pero que no tenemos del todo claras sus intenciones para con nosotros.

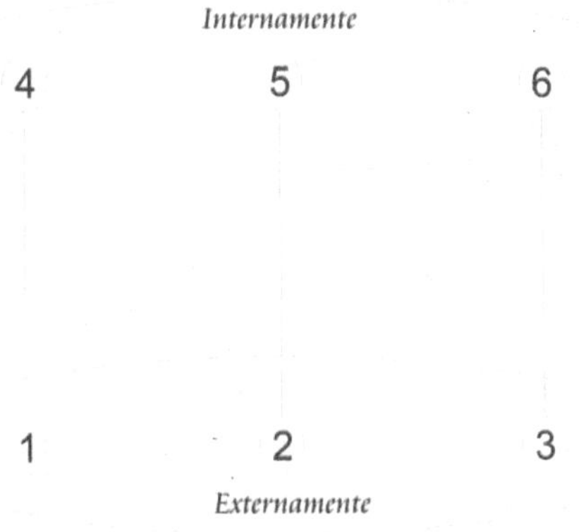

Internamente

4 5 6

1 2 3

Externamente

La *número 1* representa qué manera de pensar o qué pensamientos suele mostrar al afuera.

La *número 2* nos dice de qué manera se muestra al relacionarse con nosotros o con el afuera, como se desenvuelve.

La *número 3* representa qué emociones muestra y reconoce abiertamente.
Por otra parte, la segunda fila nos muestra lo que permanece oculto y que no tiene por qué ser con mala intención, sino que puede ser por falta de conocimiento de cómo expresarse, temores, etc.

La *número 4* nos muestra qué piensa en realidad, su filosofía fuera de la que nos mostró con la número 1.

La *número 5* representa cual es la intención personal o de realización, tras su manera de actuar o desempeñarse.

La *numero 6* representa qué verdaderamente siente internamente y cómo se siente.

Esta lectura resulta muy práctica cuando debemos relacionarnos con personas que no conocemos, pero que por circunstancias de la vida nos vemos forzados a convivir en algún momento en particular y durante determinado tiempo.

Lectura de los arquetipos familiares
Esta lectura nos ayuda a comprendernos un poco más a nosotros mismos con respecto a nuestros gestores, independientemente si están o no en este plano.
En primer lugar se toma cada arquetipo que participara en nuestra lectura, dándole el lugar correspondiente en el árbol.

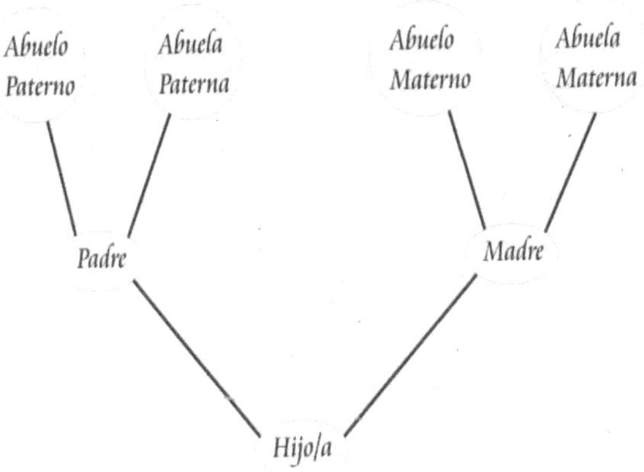

Una vez que ya tenemos en claro y ordenados los arquetipos para esta lectura, vamos a destinar una lectura particular para cada uno de los arquetipos ubicándolas en forma de cruz como vemos en la siguiente imagen.

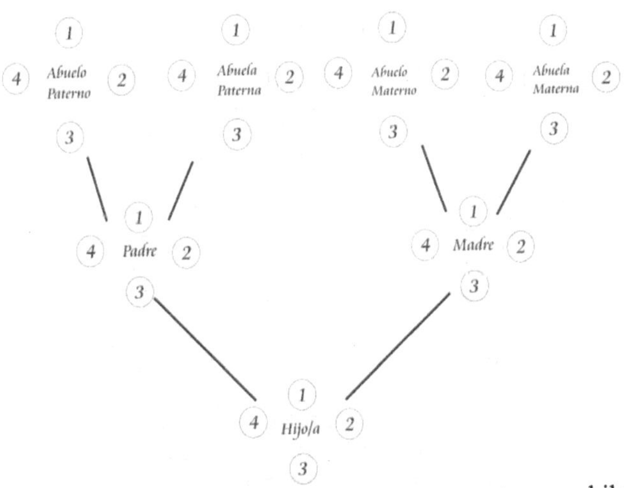

Antes de comenzar tengamos en cuenta que para mantener un hilo de lectura, comenzaremos interpretando los arquetipos más antiguos, ya que éstos, así como en la vida, influyen en la generación siguiente, por ende podremos ver cierta conexión en la lectura.

Cada arquetipo será interpretado en primera instancia de manera individual y luego se lo integra en una misma lectura con el formato planteado anteriormente.

La lectura individual que haremos con cada arquetipo será con "los cuatro elementos", es decir; cómo eran o cómo se rigen los pensamientos, su filosofía, las ideas de este arquetipo nos lo dirá la *número 1* (el aire), cómo era o cómo es su accionar, cómo se desenvuelve en este ángulo, su energía creativa, que nos lo dirá la *número 2* (el fuego), cómo era o cómo se encuentra en el plano emocional, de qué manera sentía nos lo mostrará la *número 3* (elemento agua), y por último cómo se hallaba o cómo se encuentra en el plano concreto, en el día a día, con respecto a sus raíces en esta tierra, que es la *número 4* (la tierra).

Tengamos en cuenta que al hacer esta clase de lectura, debemos recordar previamente la época en que le toco desenvolverse a cada personaje y el concepto social de ese entonces, esto nos ayudara a tener una mejor interpretación de cada uno.

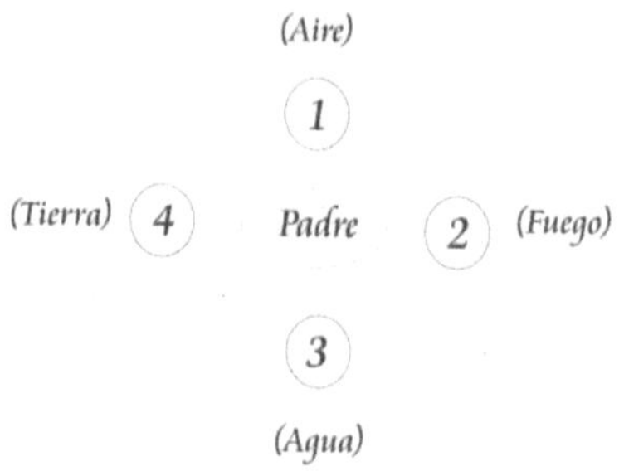

Luego de estas interpretaciones individuales, que nos permiten comprender más acerca de cada uno de estos individuos, pasamos a hacer la interpretación grupal, seguiremos la línea energética elemento por elemento viendo cómo influye en el árbol, observando qué nos rebela el patrón y de esta manera poder comprender cada corriente elemental de nuestro árbol, generalmente este tipo de práctica de lectura trae a nuestra mente reflexiones, comprensión de algunos ángulos, aportan claridad y nos brinda la oportunidad de construir o sanar desde un ángulo diferente si es necesario.

Al finalizar todo este proceso y teniendo en claro cómo se han ido moviendo las 4 energías elementales a lo largo del tiempo, en nuestro árbol genealógico podemos a su vez ampliar un poco más esta lectura, agregando qué sabiduría le trajo el árbol a cada personaje, y qué podemos tomar de cada uno de ellos a manera de consejo.

Este ángulo representa un legado filosófico que es independiente a lo que sintamos por dichos personajes o lo que pensemos nosotros sobre cada uno de ellos, son tan solo los saberes que los personajes le brindan a su árbol de manera inconsciente, pero que nosotros podemos utilizar para enriquecer nuestra experiencia en la vida.

Formatos de lectura adaptados

Lectura del árbol

Esta lectura es originalmente inspirada en la Cábala, nos propone observar cómo está nuestro plano sutil, el plano mental y el plano de la personalidad y las emociones.

1

3 2

5 4

6

8 7

9

10

Las número 1, 2 y 3 representan el plano sutil, lo divino, el alma.

La número 1 representa la esencia con la que empezamos esta vida, nuestra energía de conexión con nuestro espíritu guía y nuestra evolución.

La número 2 representa lo que vinimos a desarrollar y aprender para nuestro espíritu, es la energía a realizar para enriquecer nuestra sabiduría espiritual.

La número 3 representa la conexión que hay hoy entre nuestro espíritu y nuestra mente, lo que nosotros sabemos y podemos reconocer de nuestro lado espiritual.

Las número 4, 5 y 6 son el trígono del plano mental.

La número 4 está asociada a nuestra capacidad de disfrute, nuestra receptividad con el afuera, cómo nos encontramos y qué sentimos en este ángulo.

La número 5 está asociada a nuestro lado activo para con el afuera, cómo nos mostramos y relacionamos en sociedad, cómo está nuestra corriente de acción a la hora de actuar.

La número 6 representa nuestro arquetipo social ideal, lo que deseamos ser y alcanzar.

Las número 7, 8 y 9 son el trígono de la personalidad y emociones.

La número 7 está asociada a la personalidad y la pareja, lo que se ve de nuestras emociones, como somos en la pareja y el sexo.

La número 8 representa nuestra comunicación, la capacidad de expresar lo que sentimos, necesitamos y deseamos.

La número 9 representa lo que hacemos, nuestras acciones y concreciones, nuestra capacidad para entender a los demás y ayudar.

La número 10 representa el momento actual, el aquí y ahora, nuestra conexión con el plano material y la naturaleza, de qué manera me estoy realizando en totalidad y cuanto peso tiene en mí el plano concreto y mundano.

Lectura de las 7 parábolas o 7 mágico
Este es un de los formatos más tradicionales y antiguos de lectura, se utiliza mucho para situaciones que no sabemos ya cómo solucionar o sostener.

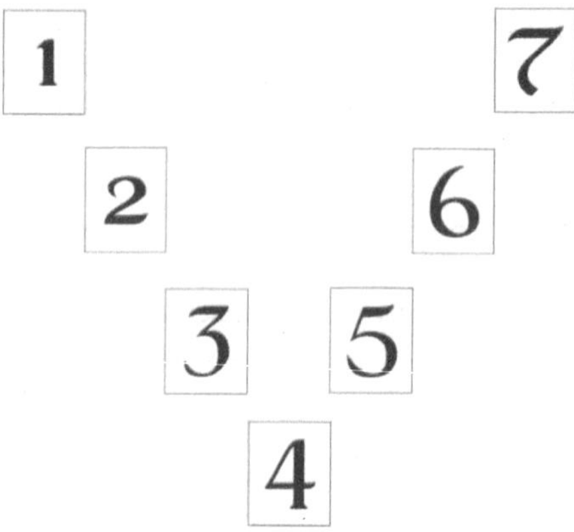

La número 1, representa el pasado de la situación o lo que ya está finalizando.

La número 2, toma el lugar de la situación en el presente, como ha evolucionado con respecto a lo que aconteció.

La número 3, representa la proyección futura del problema, o lo que está por comenzar de acuerdo a lo que hoy ocurre.

La número 4, representa lo que el oráculo recomienda y qué deberíamos tener en cuenta para tomar un curso de acción favorable.

La número 5, representa a las energías del exterior, en este ángulo se mostrará, de qué manera y hasta qué punto, son favorables o desfavorables.

La número 6, representa las esperanzas o temores que genera el tema, este ángulo mostrara tanto si los temores son mentales o reales, como si nuestras esperanzas están en algo posible o imposible de que suceda.

La número 7, representa el resultado o conclusión, es decir, teniendo en cuenta el camino de la lectura, nos muestra de qué manera podría concluir el tema de seguir caminando de la misma manera, en este punto también nos puede estar dando alguna clave o consejo para su resolución favorable.

Lectura de la Cruz Celta

El modelo de Cruz Celta es uno de los más utilizados y antiguos, por esta razón suele verse en algunas ocasiones con leves variaciones en el formato y esto se debe a que cada practicante la modifica de la manera que le permita llegar a la respuesta deseada.

Este formato de lectura nos ofrece una perspectiva muy diferente de la percepción actual del momento, permitiéndonos ver todo el panorama completo de un tema.

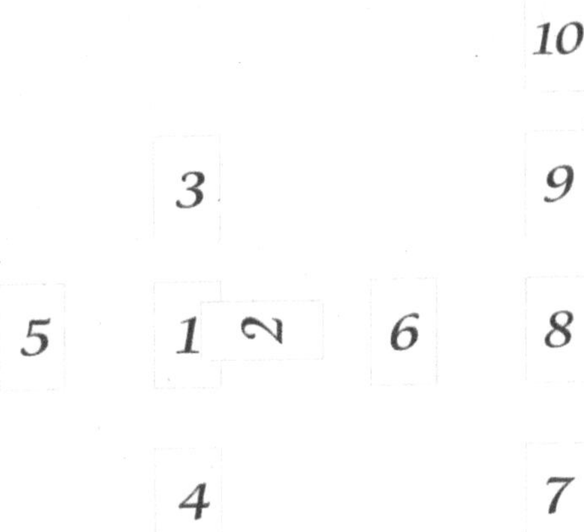

La número 1 representa el punto de partida, es la situación básica presente, la energía que fluye.

La número 2 representa la energía que traba o que nos inhibe en la situación que rebela la anterior.

La número 3 representa nuestros pensamientos conscientes sobre el tema o situación.

La número 4 representa nuestros pensamientos inconscientes sobre el tema o situación.

La número 5 representa la influencia pasada del tema, cómo venimos de antemano con el tema en sí.

La número 6 representa la proyección futura, lo que está por acontecer.

La número 7 representa el Yo, qué es lo que contribuimos en este tema.

La número 8 representa cómo se nos presenta la energía con el afuera para con el tema consultado.

La número 9 representa las esperanzas y temores con respecto al tema en cuestión.

La número 10 representa el posible resultado y la clave a tener en cuenta para una resolución favorable.

Lectura de las 12 casa

Esta lectura astrológica es utilizada tanto con runas como con taroth, es importante aclarar que de tener conocimientos sobre cartas natales, el practicante puede enriquecer aún más su lectura. Generalmente esta lectura se realiza al comenzar una nueva etapa o en una fecha que sea significativa para el consultante, puede que sea cercano al cumpleaños, al comenzar un nuevo año, en el periodo de invierno, etc.

Esta lectura nos muestra la energía que está o estará latente en una determinada casa, mostrará cómo se encuentra este aspecto de la vida del consultante y además, de acuerdo a lo que aparezca, podemos determinar qué aprendizaje evolutivo estará más latente durante este próximo periodo.

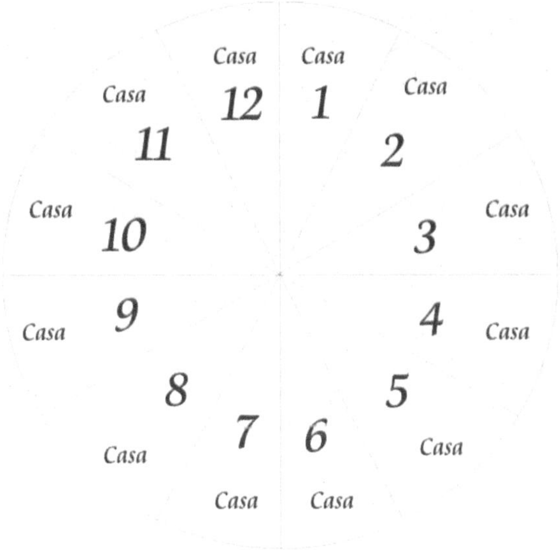

Casa 12 Casa 1

Casa 11 Casa 2

Casa 10 Casa 3

Casa 9 Casa 4

Casa 8 Casa 5

Casa 7 Casa 6

La casa número 1, representa el Yo, la personalidad del consultante para con el afuera, cómo se realiza, muestra y relaciona.

La casa número 2, representa lo material y concreto, muestra la manera de ver a nuestro mundo concreto, qué actitudes tenemos y qué importancia le damos.

La casa número 3, representa el entorno y la relación con el afuera, en el ángulo cotidiano y pasajero. Cómo será en este periodo la relación con el entorno y qué aprendizaje nos traerá.

La casa número 4, representa el hogar y la familia, cómo se encuentra y qué rol tenemos nosotros como parte de ella en este periodo.

La casa número 5, representa el amor, cómo se encuentra la pareja o qué traerán las relaciones a nuestra vida.

La casa número 6, representa nuestro oficio y labor, representa nuestras actividades y responsabilidades diarias, qué lugar ocuparán en este periodo, y junto con qué aprendizajes vendrán.

La casa número 7, representa el cónyuge, es decir, el lado de nuestra pareja estable, sociedades laborales, qué aprendizajes y cómo se encuentran nuestras relaciones.

La casa número 8, representa las muertes y nacimientos, nuestra energía para cortar viejos patrones o cosas que deben terminar, al igual que nuestra capacidad de recrear y hacer nacer nuevas en su lugar.

La casa número 9, representa nuestra filosofía, nuestra manera de pensar, nuestras elecciones de cómo vivir, qué valores tener, cómo se encuentran y qué aprendizajes vendrán.

La casa número 10, representa la profesión, nuestras aspiraciones y metas en la vida, desde objetivos hasta realizaciones personales, cómo se encuentran y qué traerá el proceso al concretarlos.

La casa número 11, representa las amistades, hace referencia a las relaciones humanas elegidas por el consultante para su vida, cómo se encuentra y qué energía les está otorgando.

La casa número 12, representa el lado oculto o desconocido del consultante, el inconsciente, muestra a la sombra con la cual se debe trabajar, reconocer y aprender en este nuevo periodo.

La runa número 13 es la energía que gobierna toda la lectura, marca el periodo evolutivo global en el que nos encontramos y que estará vigente.

Lectura de la estrella de David

Este formato de lectura es muy similar a la “la lectura del 7 mágico”, la cual le da un camino a la problemática en sí, y en este caso se trata de abarcar la la problemática a manera de mapa para solucionar el conflicto.

6

1 2

7

5 4

3

La número 1 representa el pasado de la situación, la raíz del conflicto o problema, nos mostrará realmente de donde proviene, fuera de lo que creemos.

La número 2 representa la situación actual, cómo nos encontramos frente a lo que nos aqueja, como nos afecta y de qué manera.

La número 3 representa el futuro cercano, cómo irá evolucionando el problema en los próximos días, de seguir obrando igual.

La número 4 representa la ayuda, lo que está a favor o qué podemos hacer para que la situación mejore.

La número 5 representa al ambiente, los factores externos que pueden estar afectando el momento presente.

La número 6 representa las dificultades u obstáculos para que el conflicto se resuelva, son las fuerzas contrarias a lo que deseamos, que en ocasiones ésta parte muestra que el problema está frenado, porque hay algo que tenemos que aprender o dejar ir.

La número 7 representa el resultado, la posible conclusión, de seguir trascurriendo de la misma manera.

Lectura del pentagrama

Este es otro formato de lectura que nos permite explorar un tema particular, mostrándonos de donde viene, pero mostrándonos sutilmente un posible camino a seguir.

5

4 3

6

1 2

La número 1 representa la situación actual del tema o pregunta que nos preocupa, nos trae información acerca de la situación.

La número 2 representa la oposición, nos trae la información acerca de qué es lo que verdaderamente traba la energía y no le permite fluir.

La número 3 representa los sentimientos que influyen en el tema o que no nos permiten fluir, representa la complicación emocional que produce la traba anteriormente vista en la número 2.

La número 4 representa el apoyo, es la ayuda que uno puede esperar, hará referencia hasta donde podemos contar con el afuera y en qué medida.

La número 5 representa la conclusión de la situación, de seguir caminando de la misma manera, nos muestra cual será el resultado.

La número 6 representa el consejo de qué camino es el mejor para seguir, qué debemos tener en cuenta y de qué manera tomar una decisión, de tener que cambiar de curso u manera de accionar.

Lectura de los planetas

Esta lectura nos permite ver de qué manera está influyendo cada planeta en nuestro presente, como está vibrando internamente en nuestra situación actual. En dicha lectura se presenta el orden arquetípico numerológico y las influencias planetarias correspondientes.

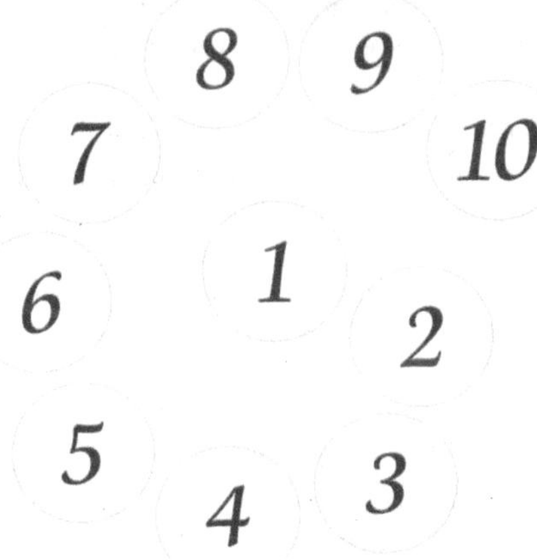

1° El sol, representa la fuerza de voluntad, la confianza en sí mismo, los logros que consideramos y nuestra manera de emplear lo que nos rodea para alcanzar nuestros objetivos.

2° La luna, representa las emociones y nuestra sensibilidad, nuestro contacto con los otros, con nuestro lado onírico e intuitivo.

3° Planeta Júpiter, representa la abundancia, nuestro crecimiento en todos los sentidos, es nuestra expansión en el entorno, también asociado a nuestra astucia e inteligencia.

4° Planeta Urano, representa nuestra identidad como ser único y autentico, es la parte que rige los ideales, las reglas personales y auténticas.

5° Planeta Mercurio, representa nuestra comunicación, nuestra actividad mental, el pensamiento lógico, los pensamientos resolutivos, nuestra astucia para negociar.

6º Planeta Venus, representa nuestro lado sensible, amoroso, la belleza, los deseos, nuestra parte creativa artísticamente.

7º Planeta Neptuno, representa la inspiración y conexión con nuestro lado sutil, es nuestro canal intuitivo y espiritual.

8º Planeta Saturno, representa nuestra estabilidad, el concretarnos, la responsabilidad, nuestra experiencia a través del tiempo.

9º Planeta Marte, representa nuestra energía combativa, nuestros impulsos, atrevimiento y entusiasmo, es nuestra exteriorización de los deseos.

10º Planeta Plutón, representa la energía de transformación y cambio en nosotros, nuestra capacidad de abandonar viejas creencias y costumbres para dar paso a lo nuevo.

Lectura con los Chakras

Esta lectura nos permite ver cómo se encuentra cada uno de nuestros Chakras, cuáles de ellos se encuentran trabados, qué es lo que permite que la energía no fluya.

1° Chakra (raíz o Muladahra), representa las bases, la conexión con la tierra y la materia, se le asigna nuestro ángulo de supervivencia, nuestras raíces y árbol familiar.

2° Chakra (sexual o Svadhisthana), representa nuestro centro de energía básica, nuestros impulsos, sexualidad, nuestra capacidad de percibir las emociones de la pareja, el deseo.

3° Chakra (plexo solar o Manipura), representa nuestra fuerza personal, la voluntad de acción, nuestra autoafirmación.

4° Chakra (corazón o Anahata), representa nuestro amor hacia afuera y a nosotros mismos, nuestra manera de crear lazos afectivos, la confianza y seguridad.

5° Chakra (garganta o Vishuda), representa nuestra palabra y la comunicación, tanto externa como internamente, nuestra expresión.

6° Chakra (tercer ojo o Ajñá), representa nuestra intuición y percepción, nuestra clarividencia y visualización.

7º Chakra (corona o Sahasrara), representa nuestra conexión con la energía cósmica y con el todo, la manifestación de lo divino.

Es bueno además…

Que uno como lector trate de trabajar y alimentar la unión con su lado espiritual e intuitivo, para poder ser un mejor canal, para esto la mejor recomendación es pasar tiempo en la naturaleza; sentir el aire libre, observar los animales en su hábitat natural, disfrutar de la vegetación, sentir el fluir del río en los pies, viendo como de a poco cada runa se hace presente en la madre tierra…

Dejando en claro esto, tomándolo como cierta referencia y después de haber experimentado diversas formas de lectura, soy de creer que en un primer momento entre libros uno se hace afín a una forma de lectura en particular, la cual con el tiempo se vuelve un tanto rígida o quizás de alguna manera les quede chica, y es en ese entonces cuando uno comienza a desarrollar, crear y experimentar su propia manera de leer las runas, y es aquí donde vale la pena detenerse, no olviden que si hay un mensaje que debe ser interpretado, no importa la forma en que este aparezca, lo veremos de todas formas, darse la oportunidad de crear, poner a prueba su inventiva, conocimiento e intuición hace de uno un mejor canal y los integra aún más con sus runas, volviéndolos uno con ellas.

"Atrévete, date la oportunidad de descubrirte de una manera que hasta ayer era impensable e ilógica, pero hoy es tan tangible y clara como el agua"

Apéndice

Libros recomendados para poder profundizar en el mundo de las runas.

Futhark la magia de las runas

- Edred Thorsson -

El gran libro de las runas
Obra rúnica integral

- Fabiana Daversa -

Las runas y su magia

- Donald Tyson -

El libro de las Runas
- Ralph Blum -

www.ingramcontent.com/pod-product-compliance
Ingram Content Group UK Ltd.
Pitfield, Milton Keynes, MK11 3LW, UK
UKHW012253290726
14090UKWH00016B/616

9 789874 204578